Grande lecture
Edition

Ce livre comprend plus de 200 designs de chats afin de vous inspirer pour votre futur tatouage.

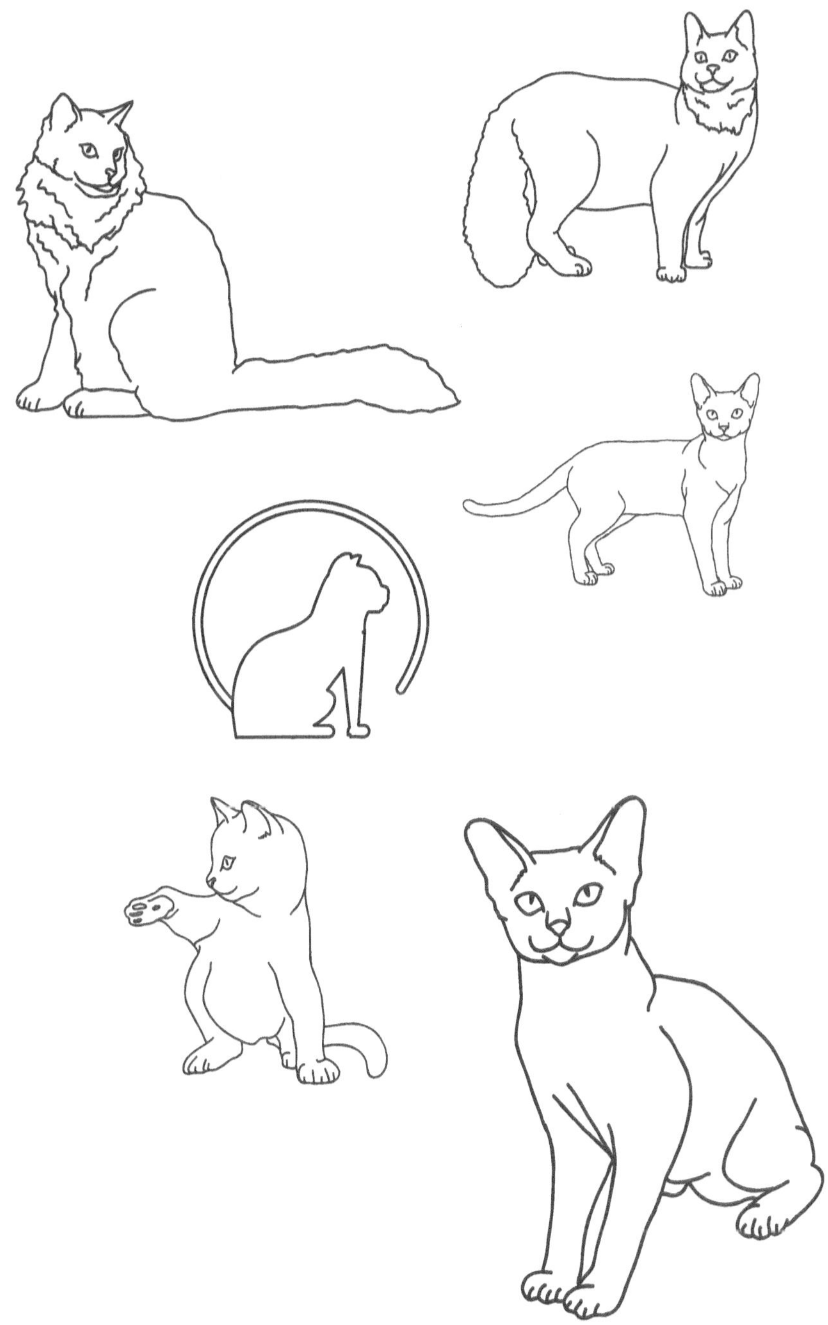

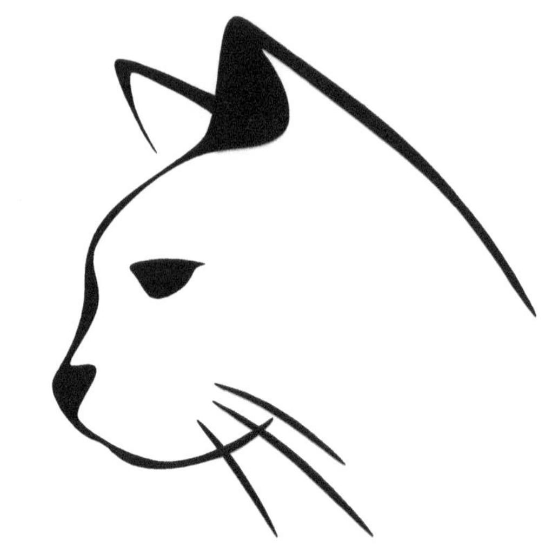
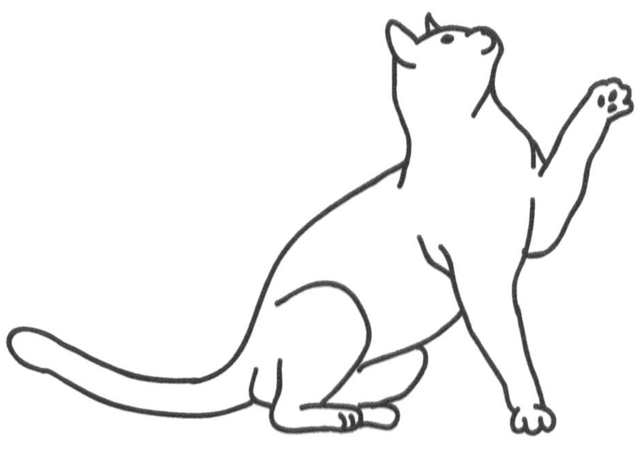

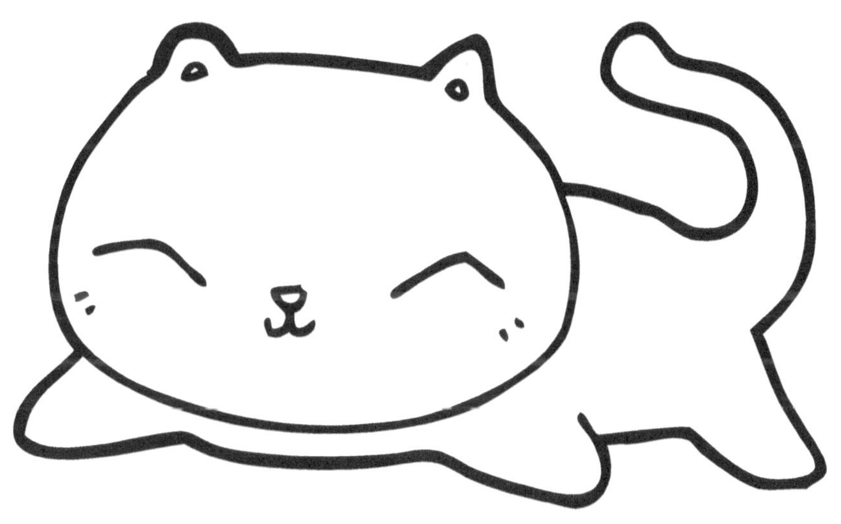

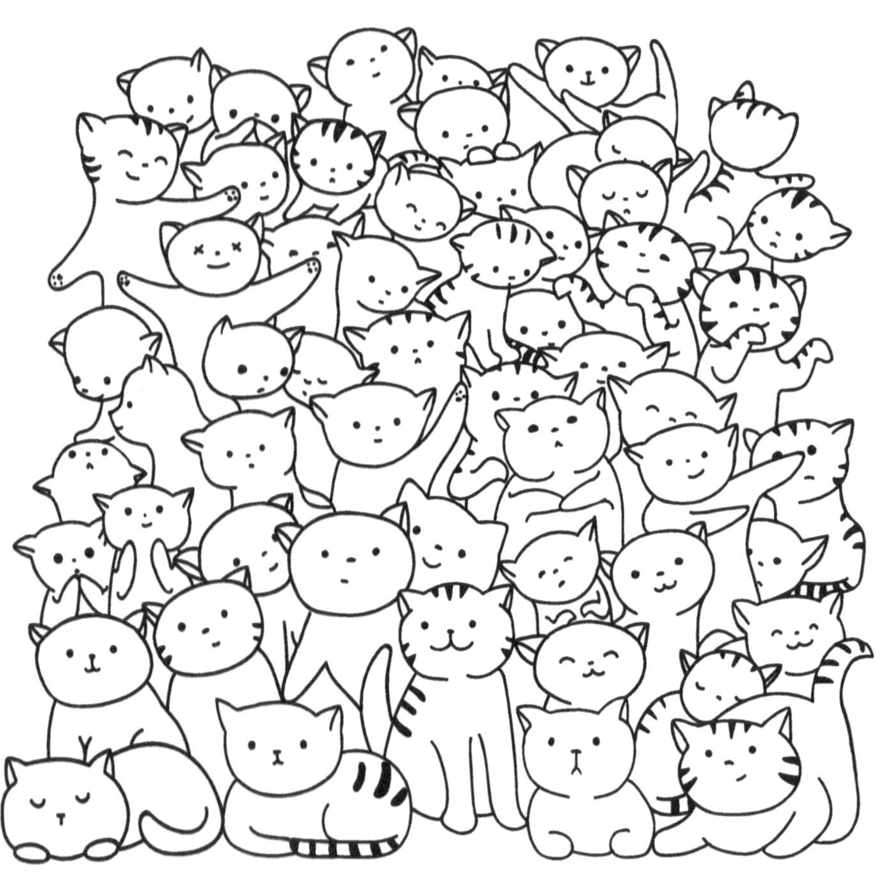

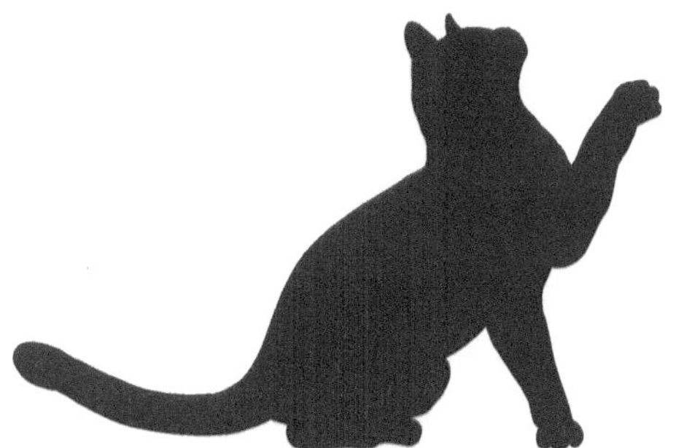

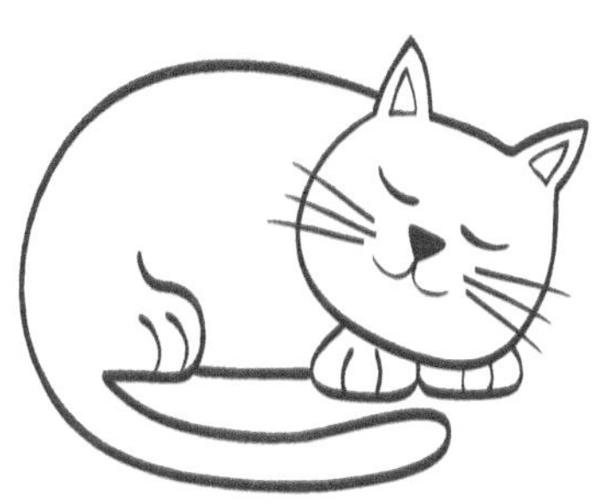

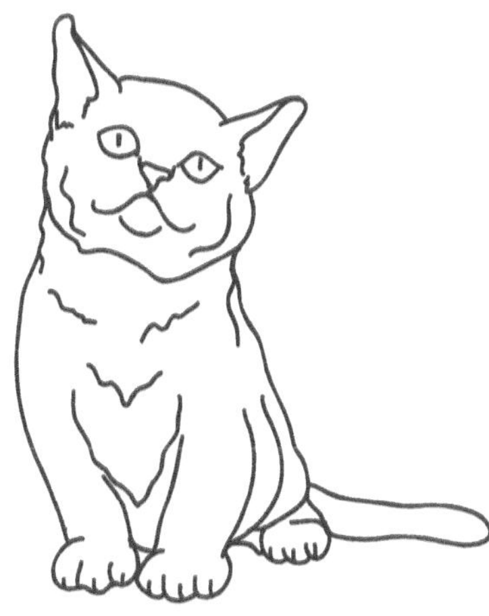

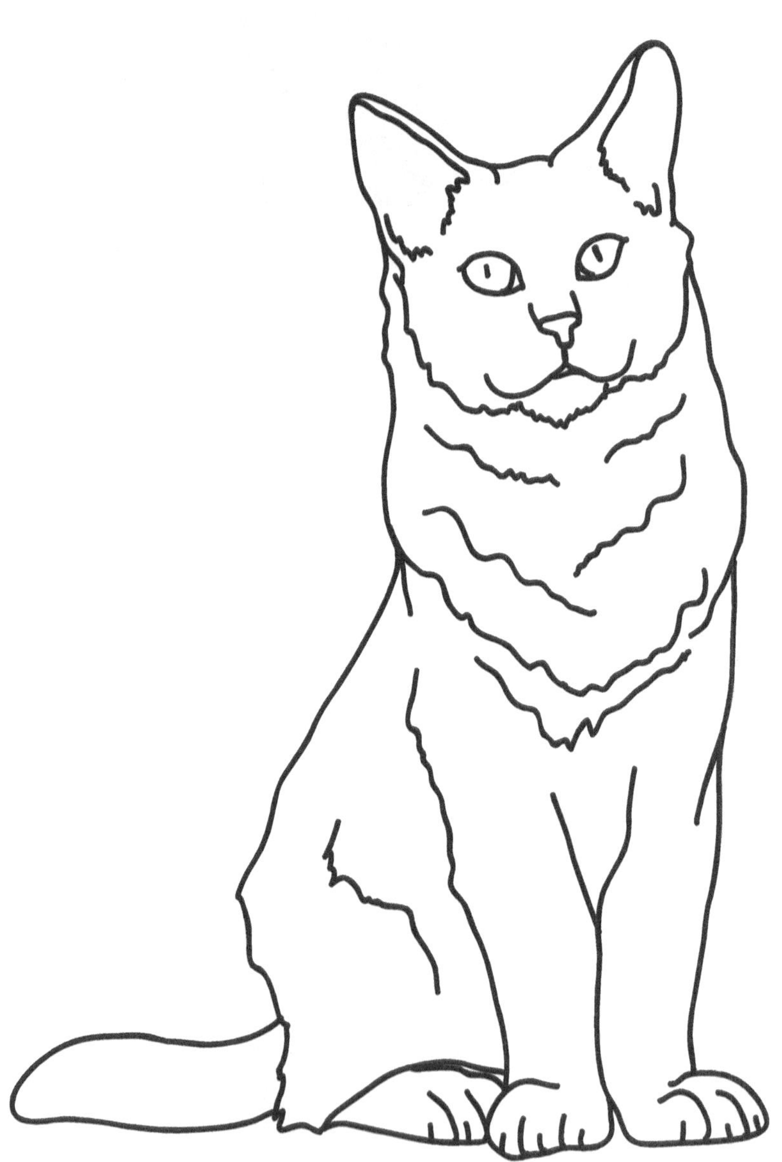

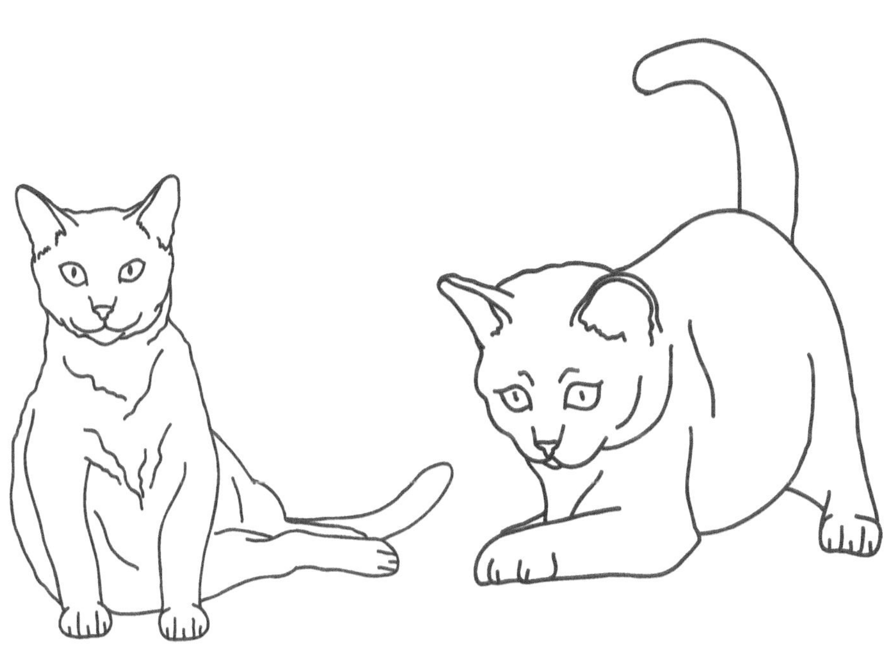

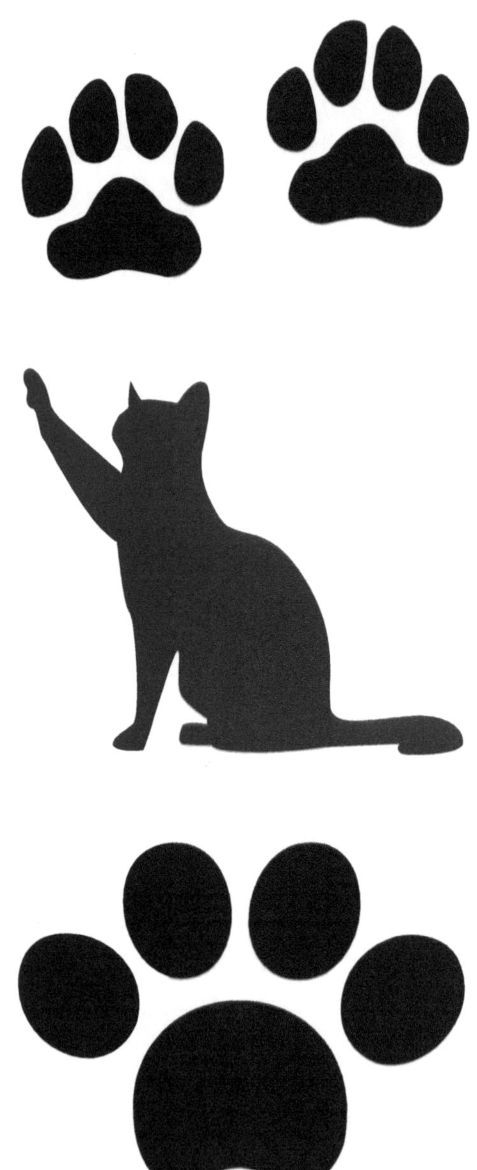

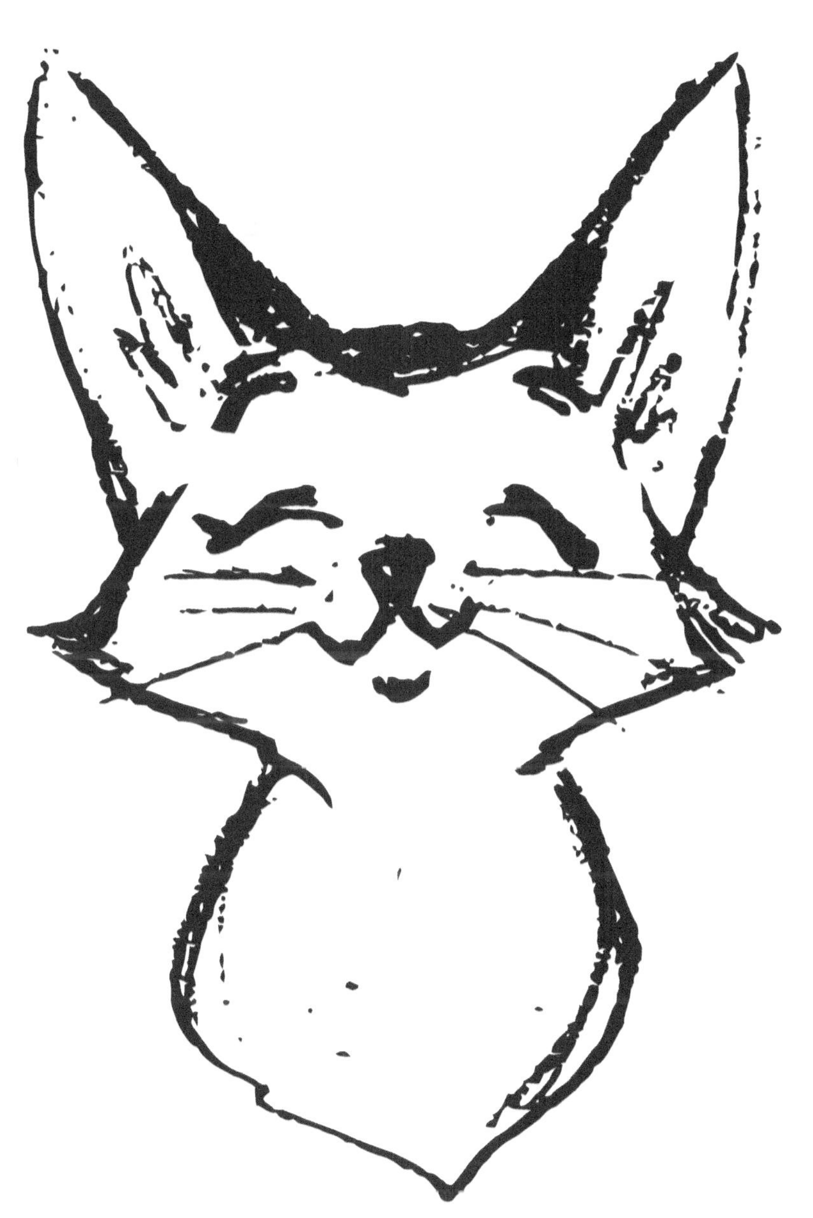

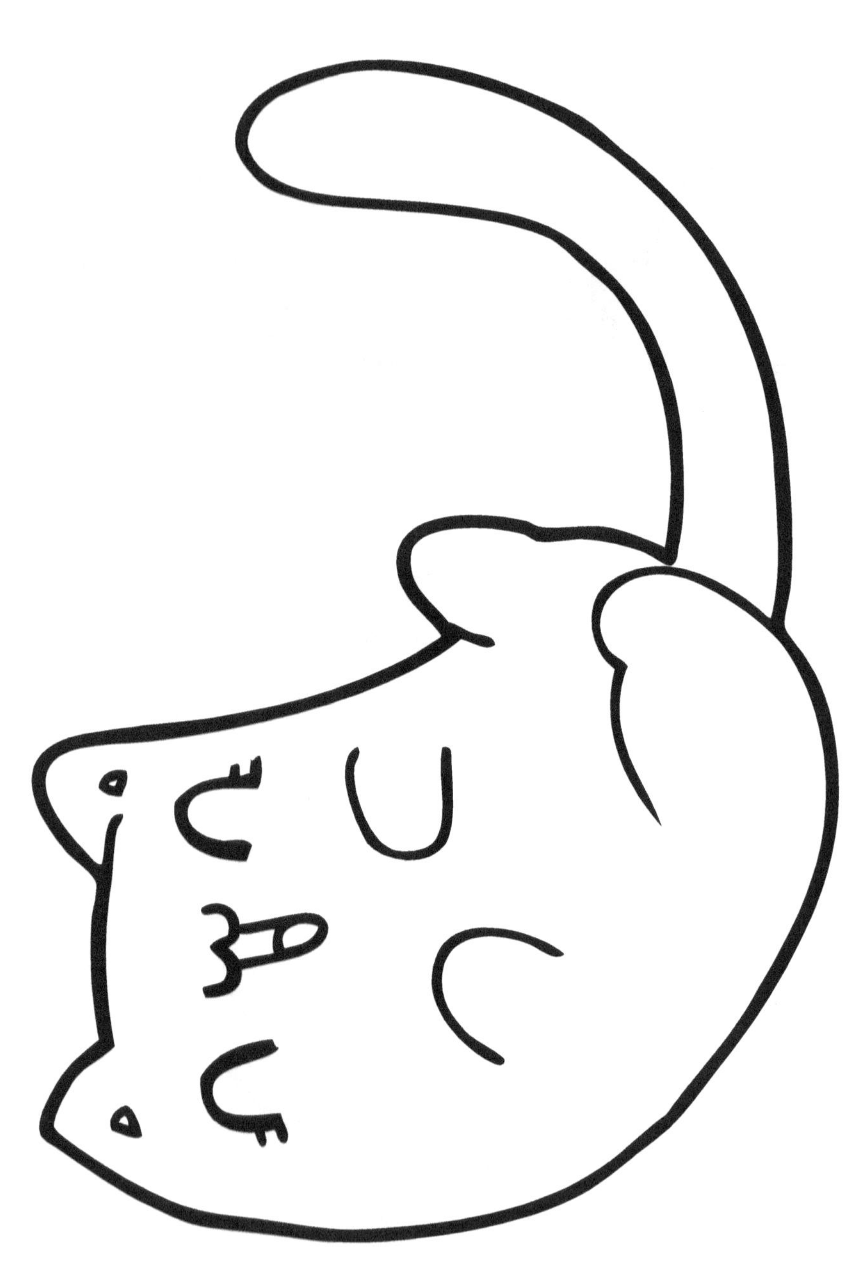

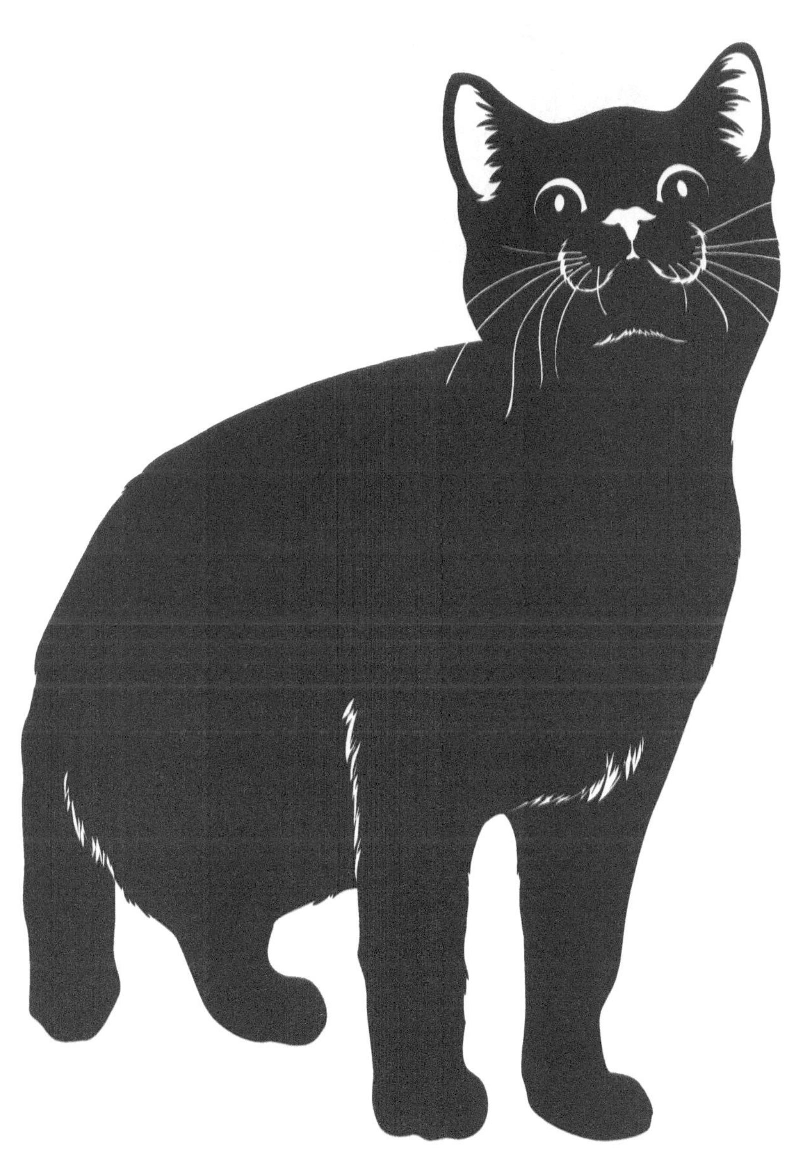

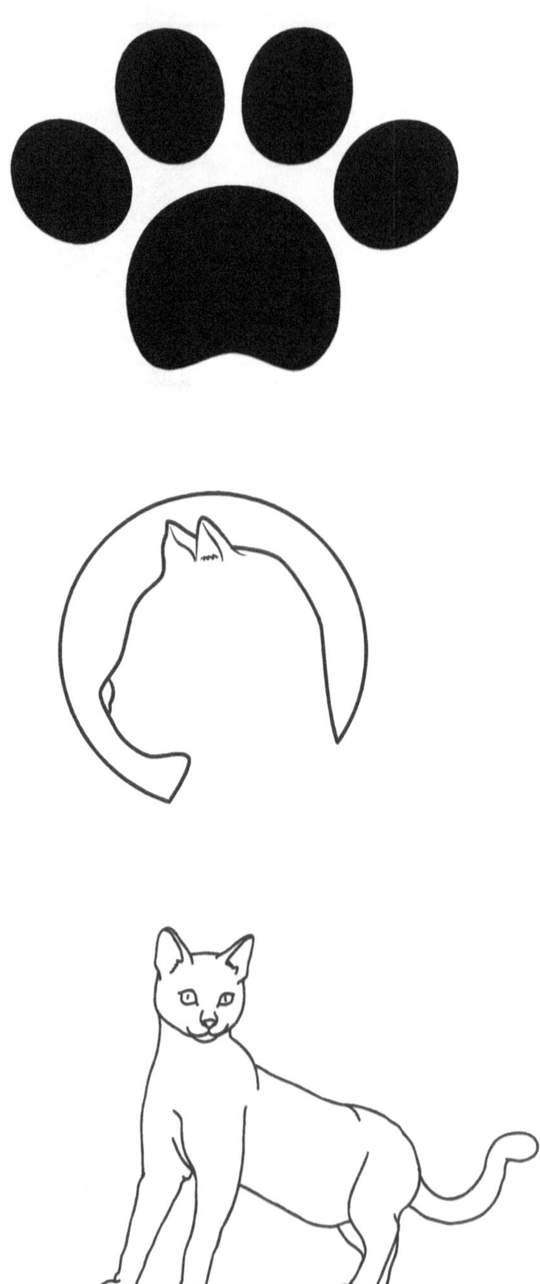

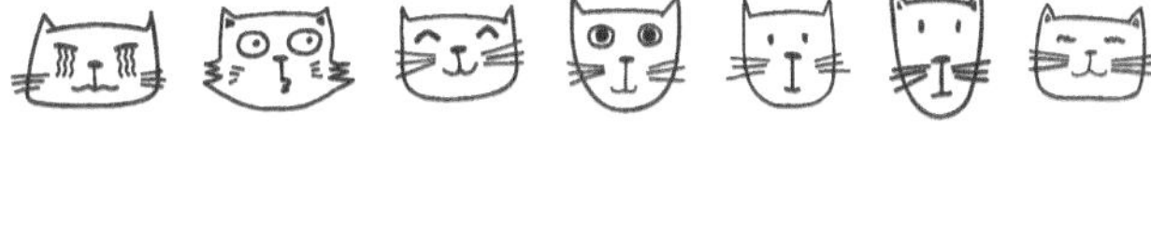
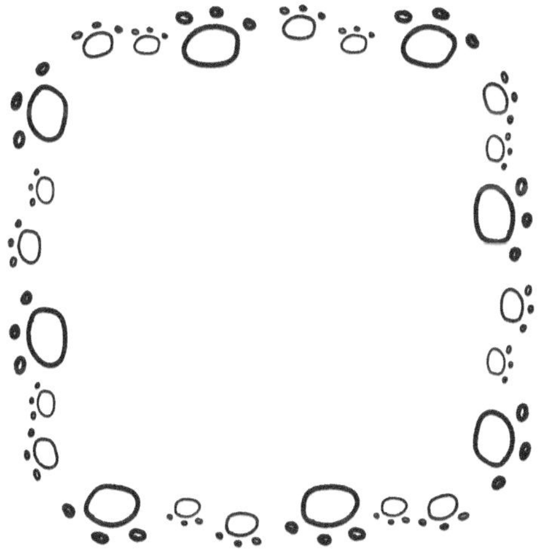

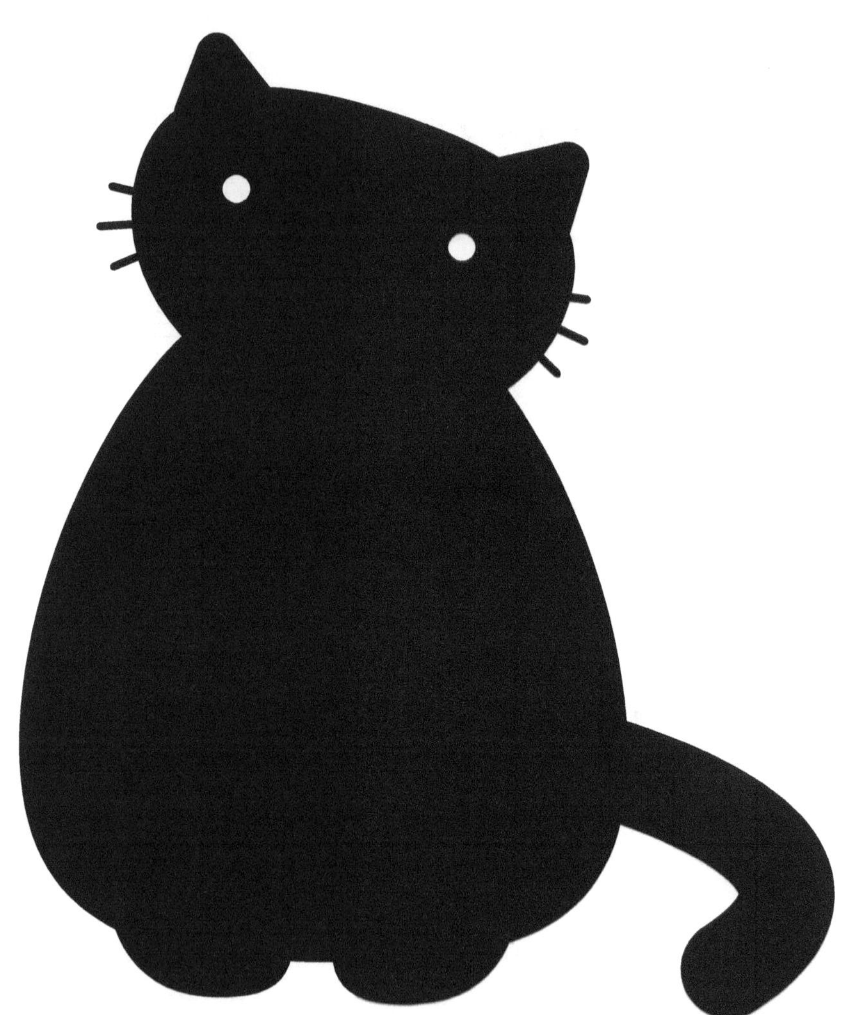

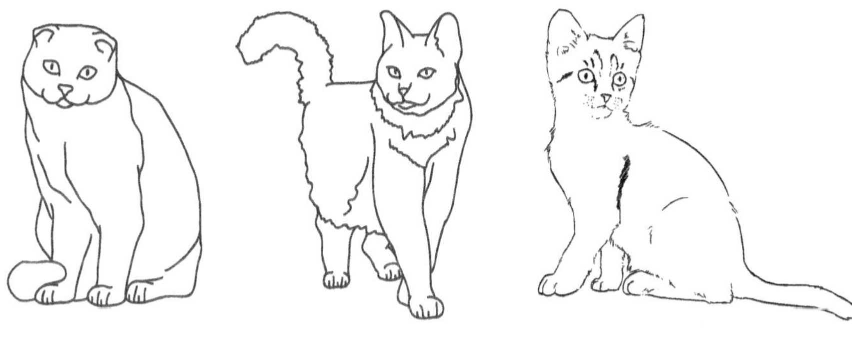

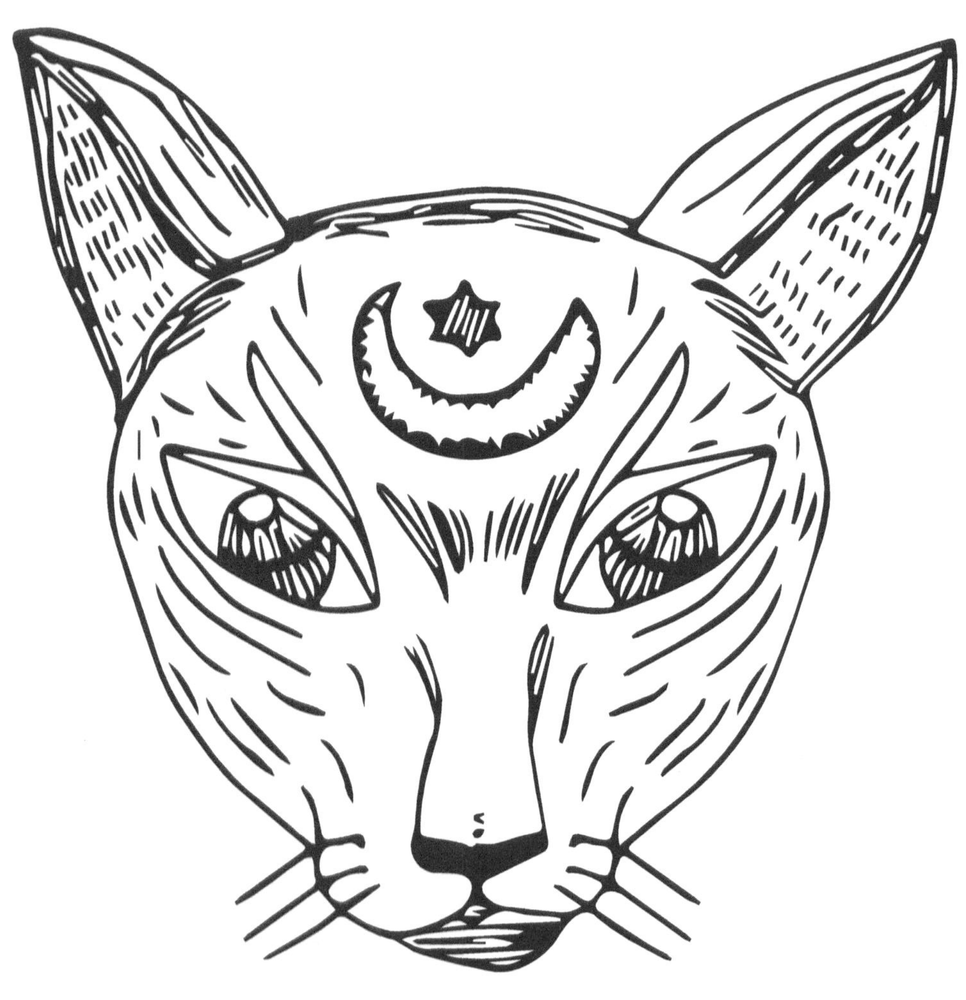

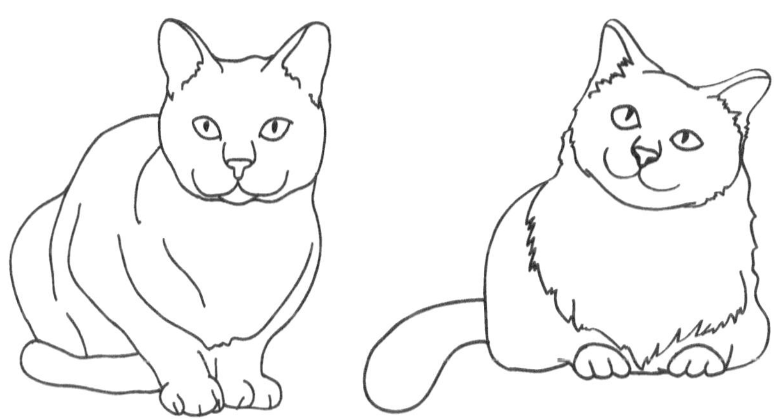

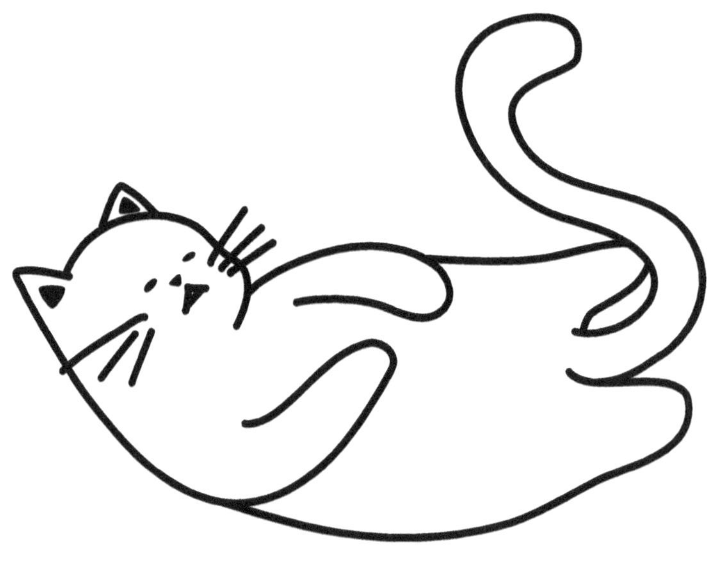

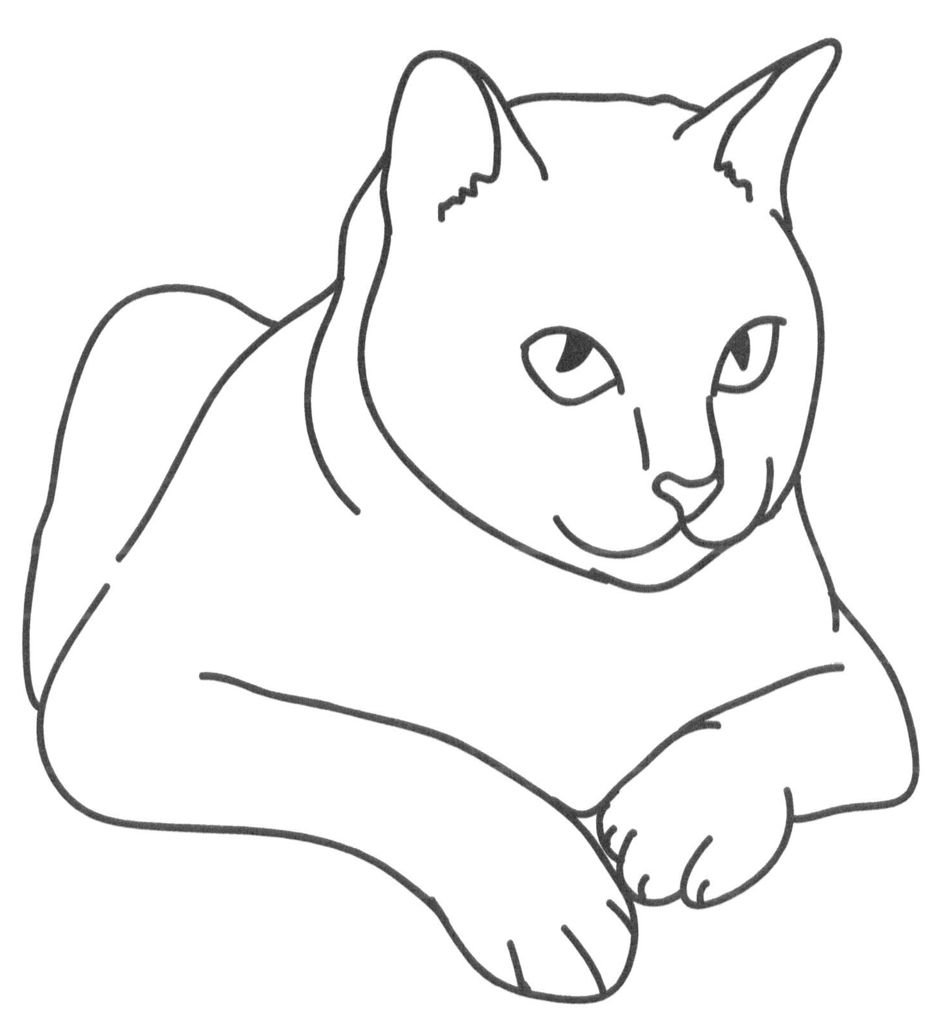

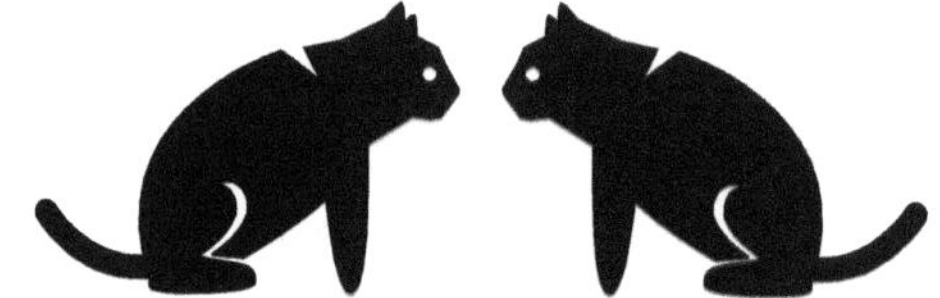

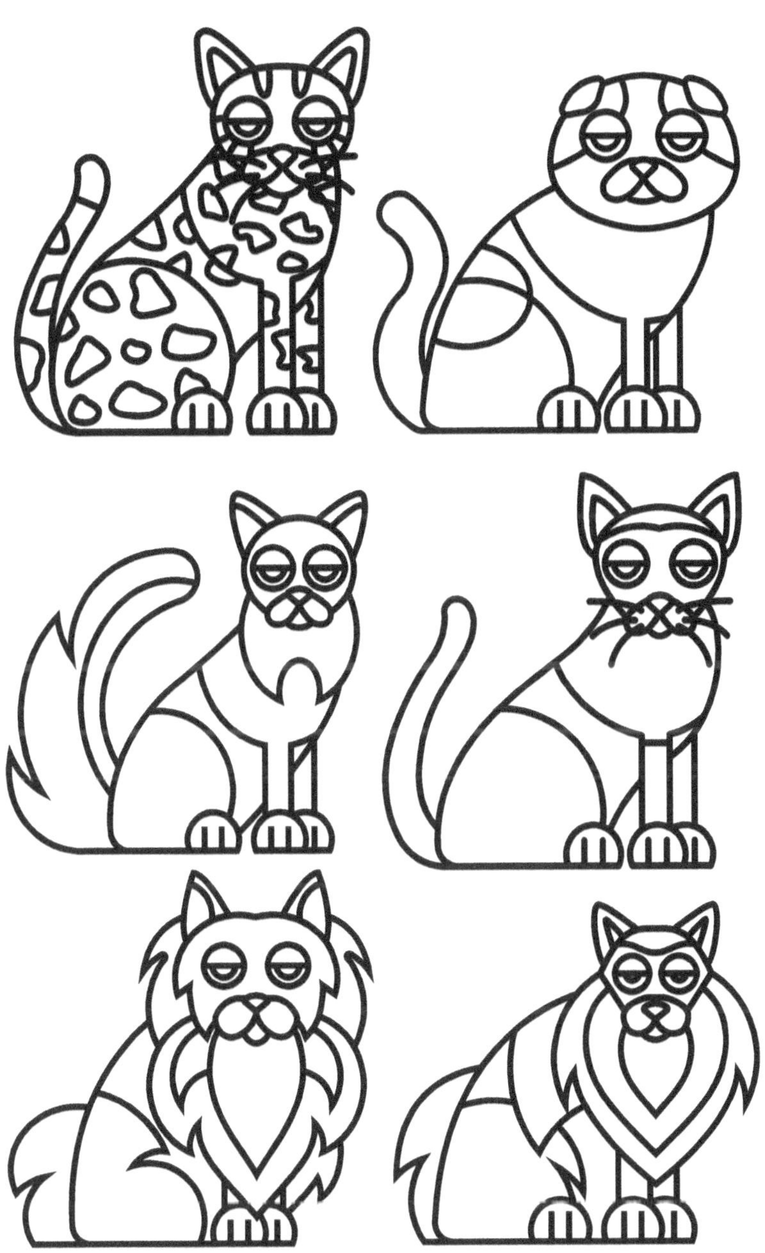

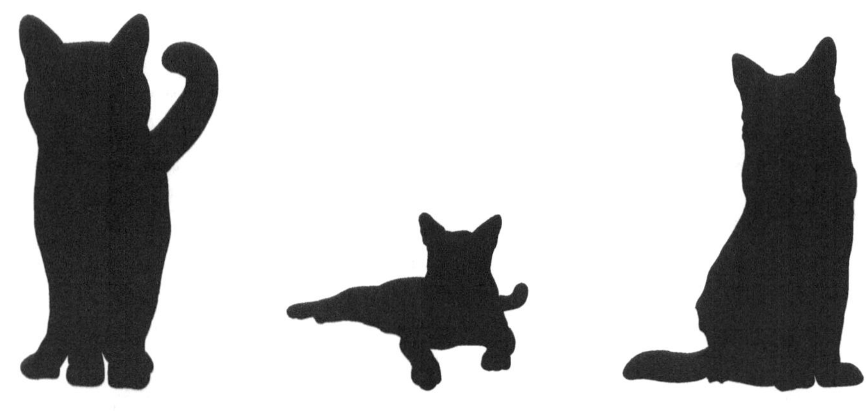

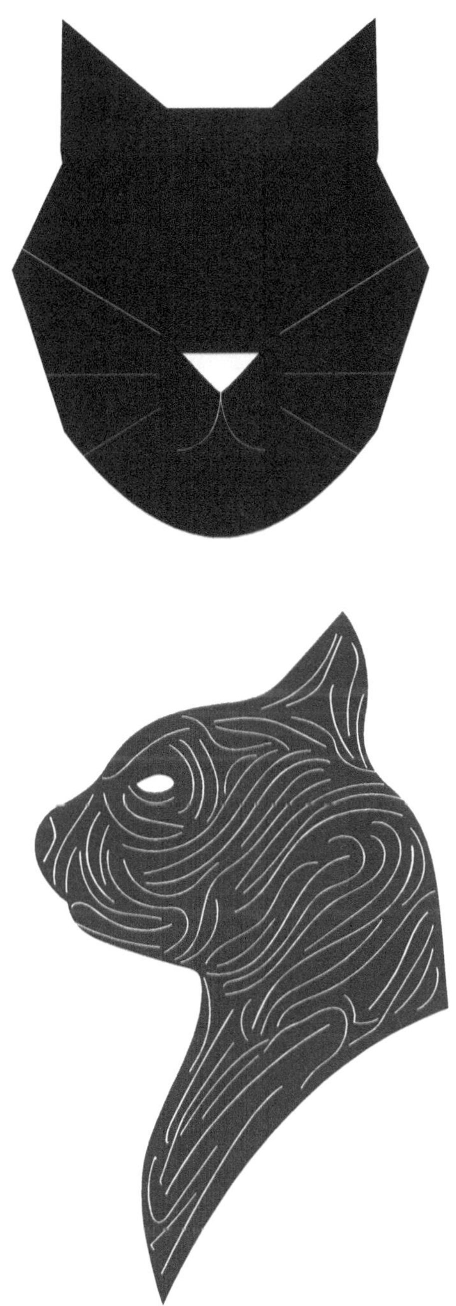

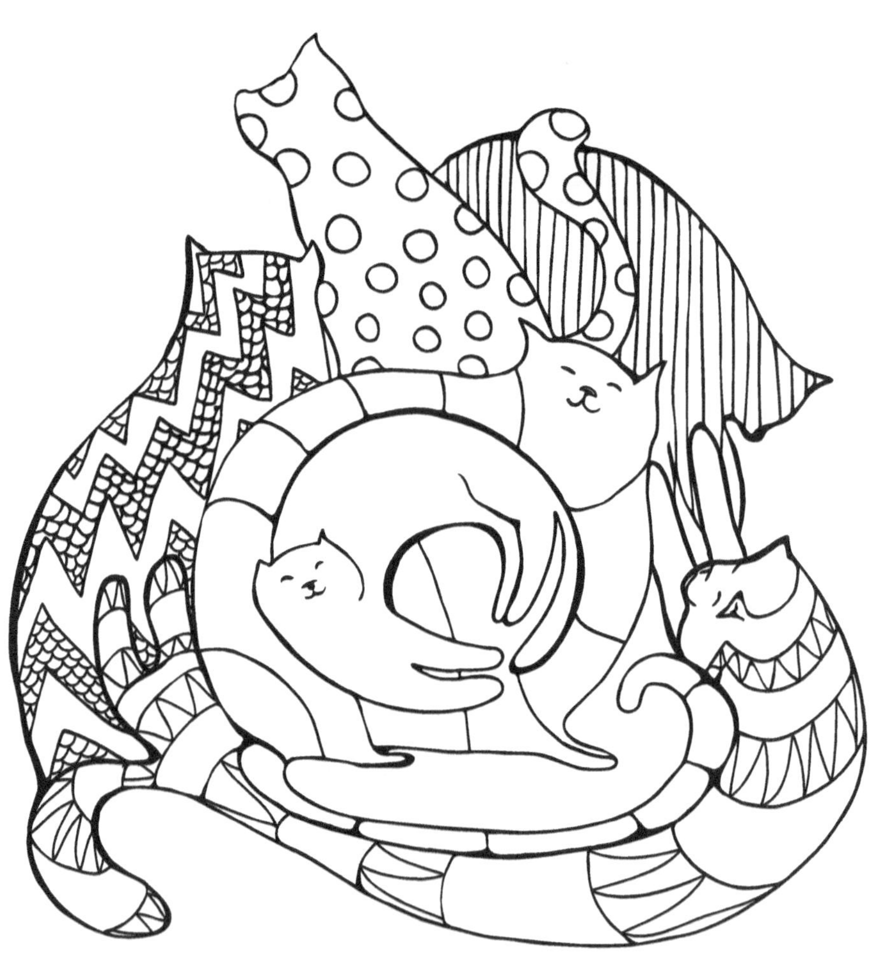

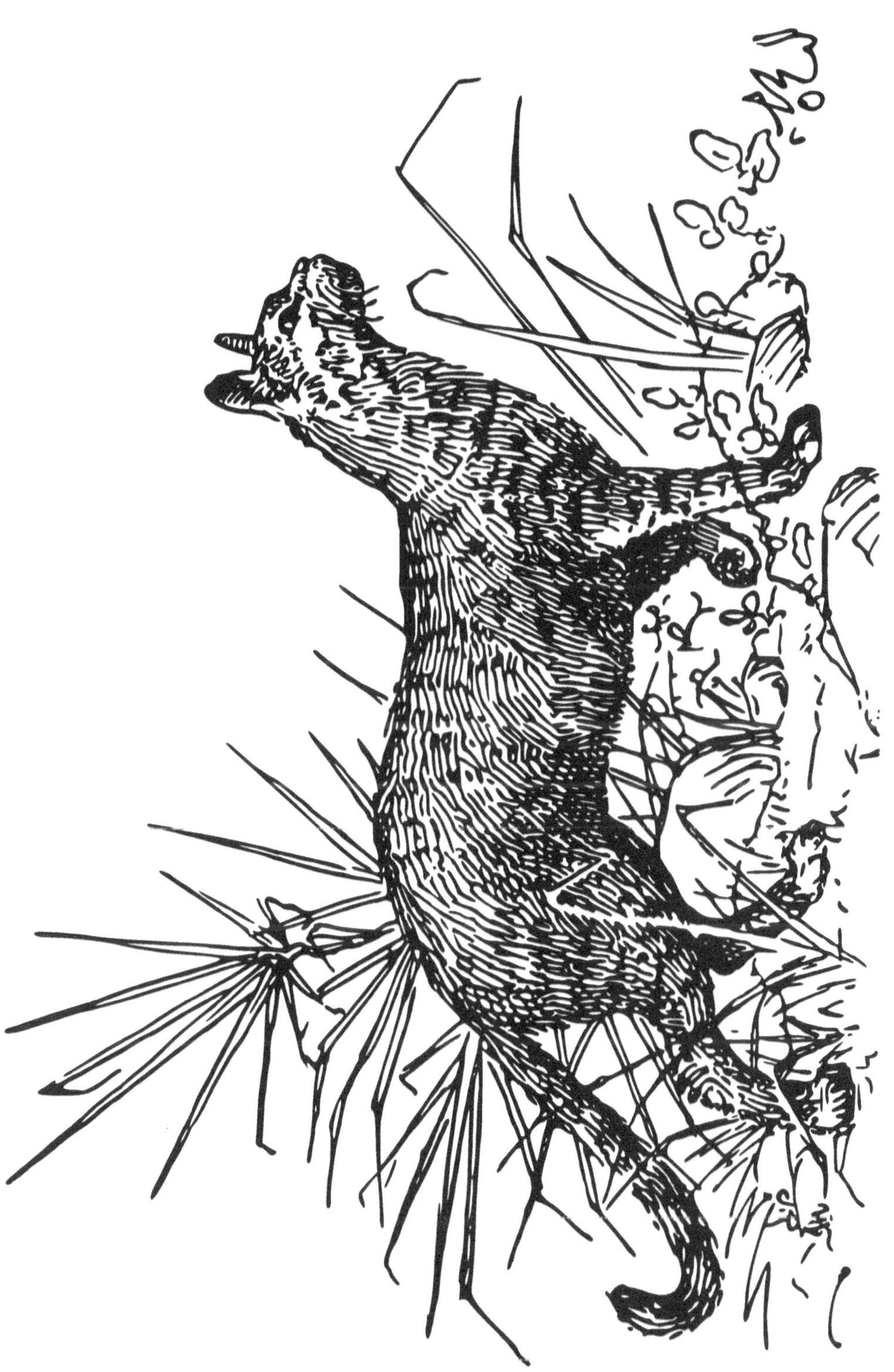

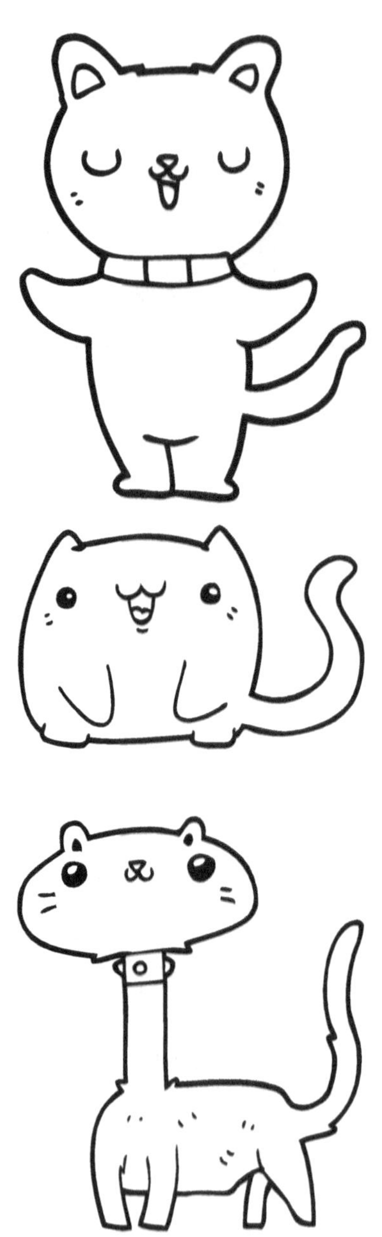

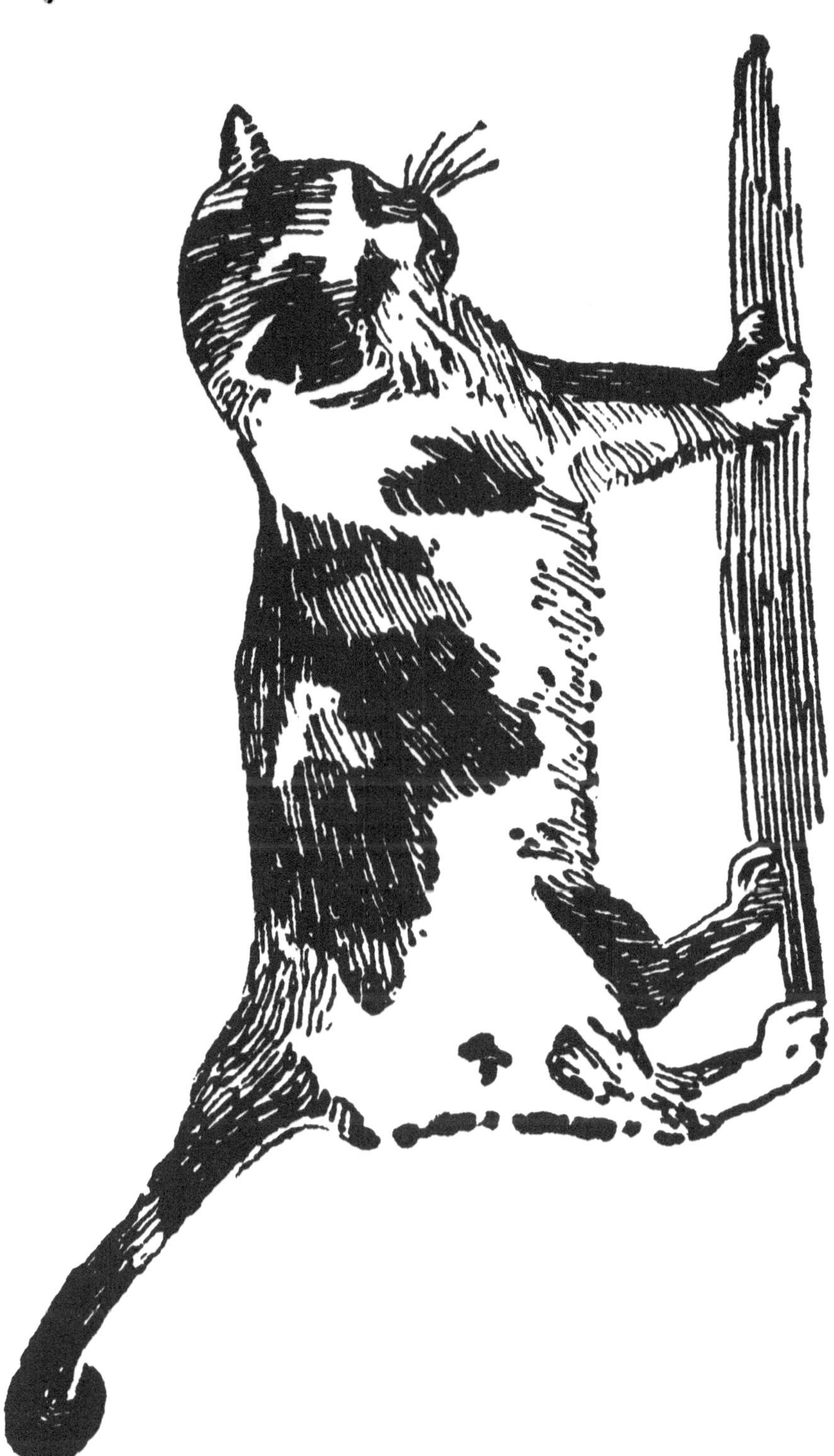

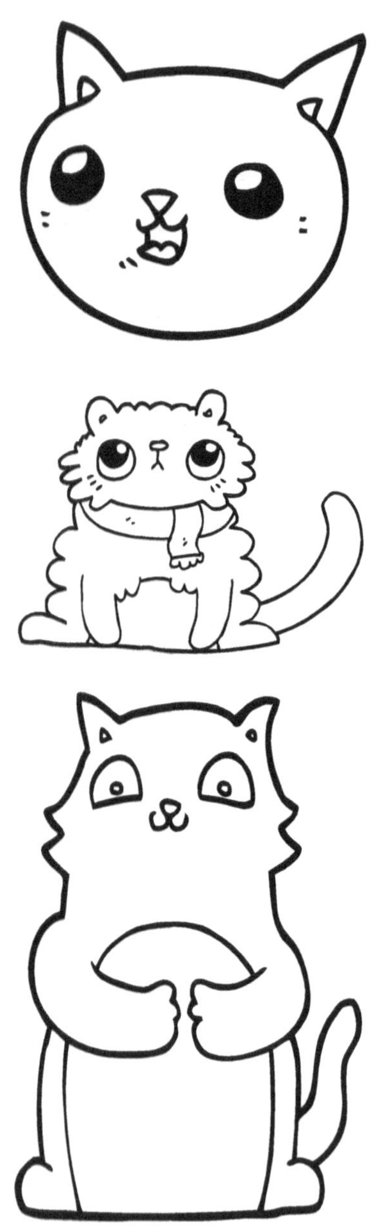

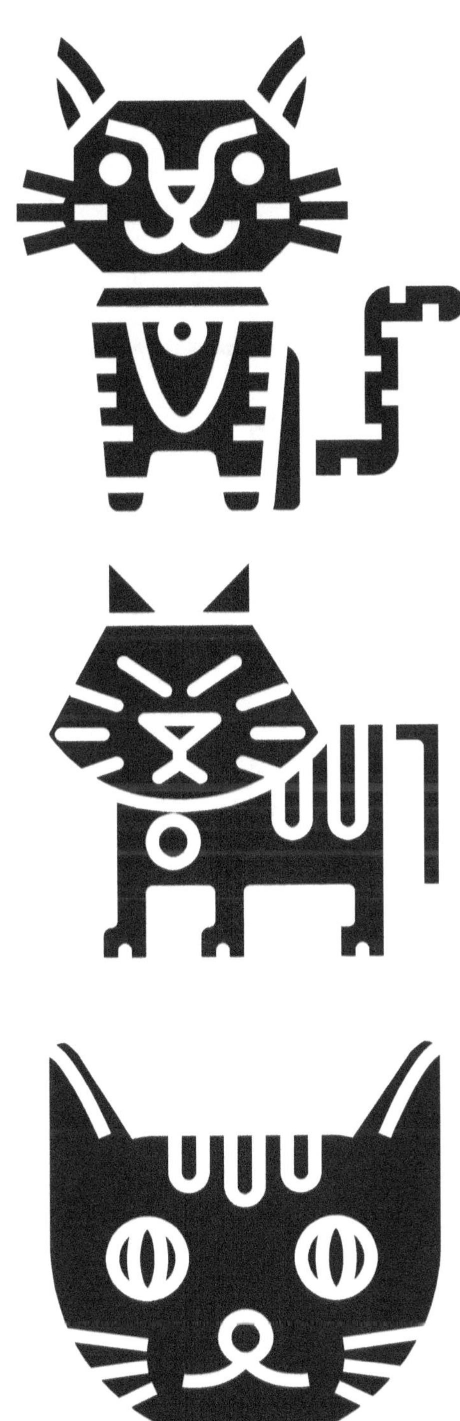

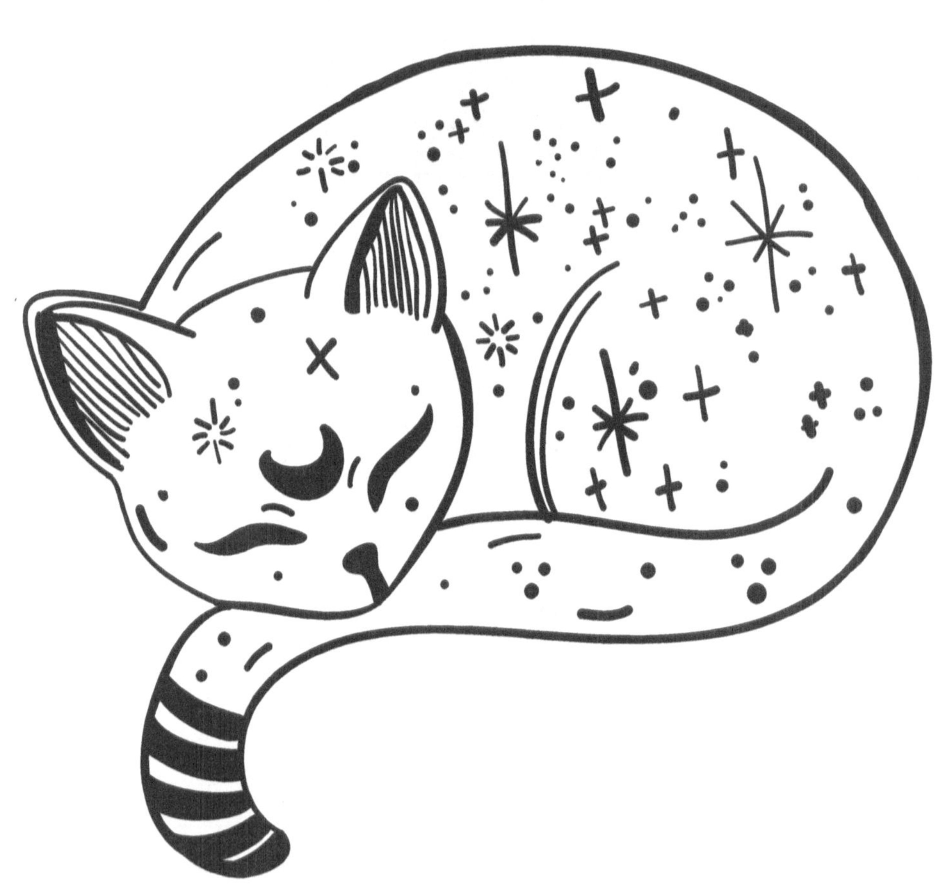

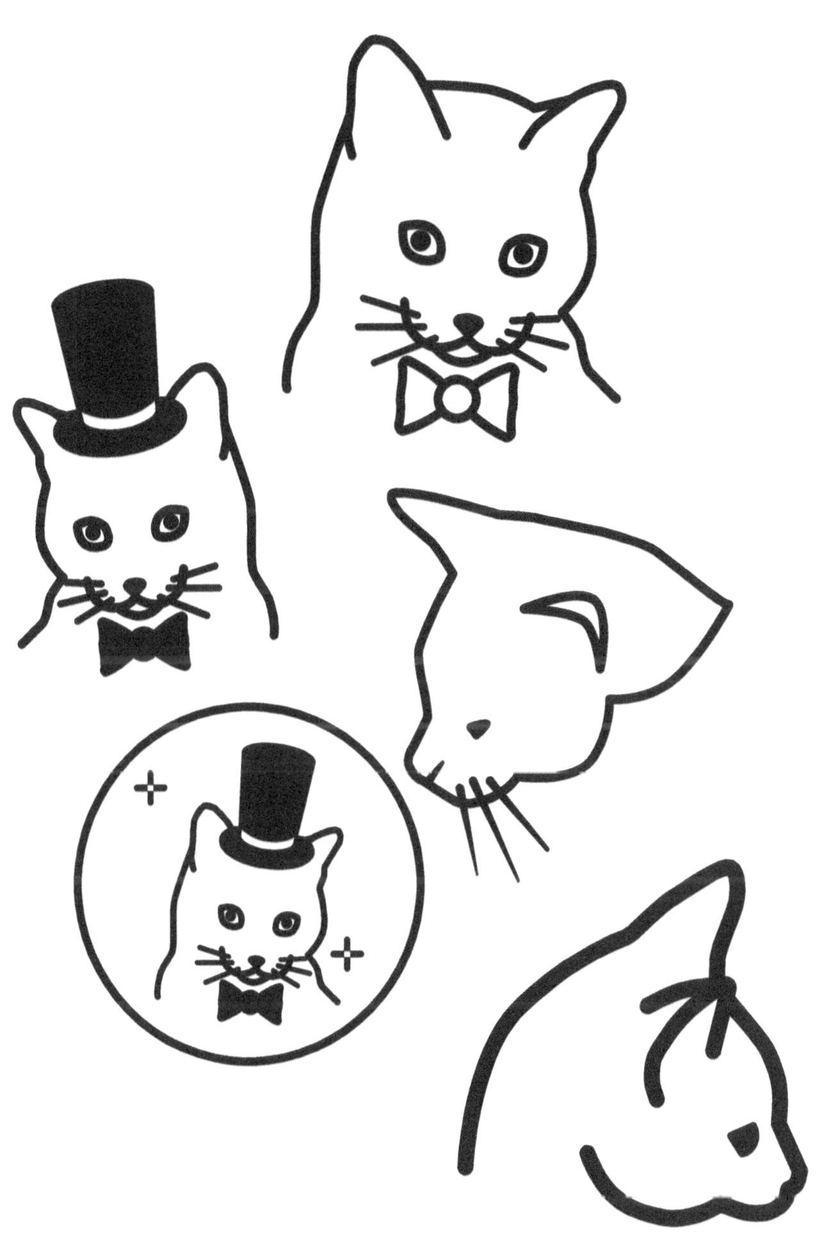

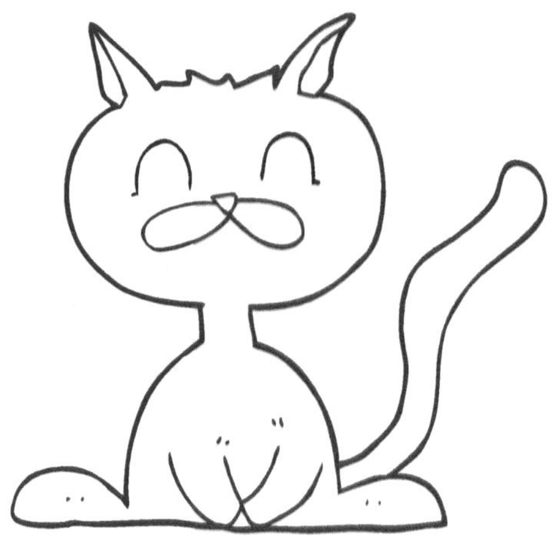

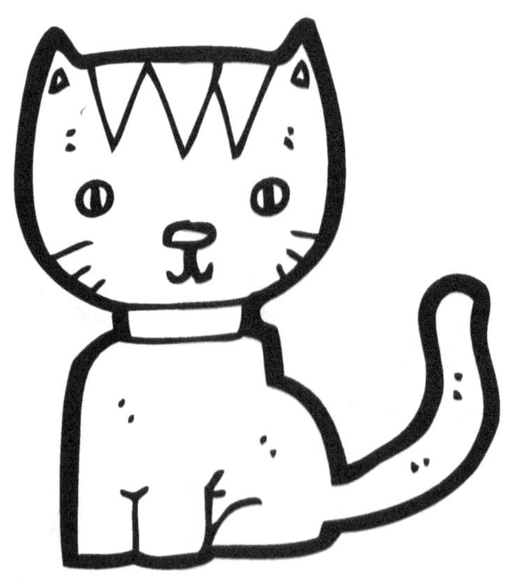

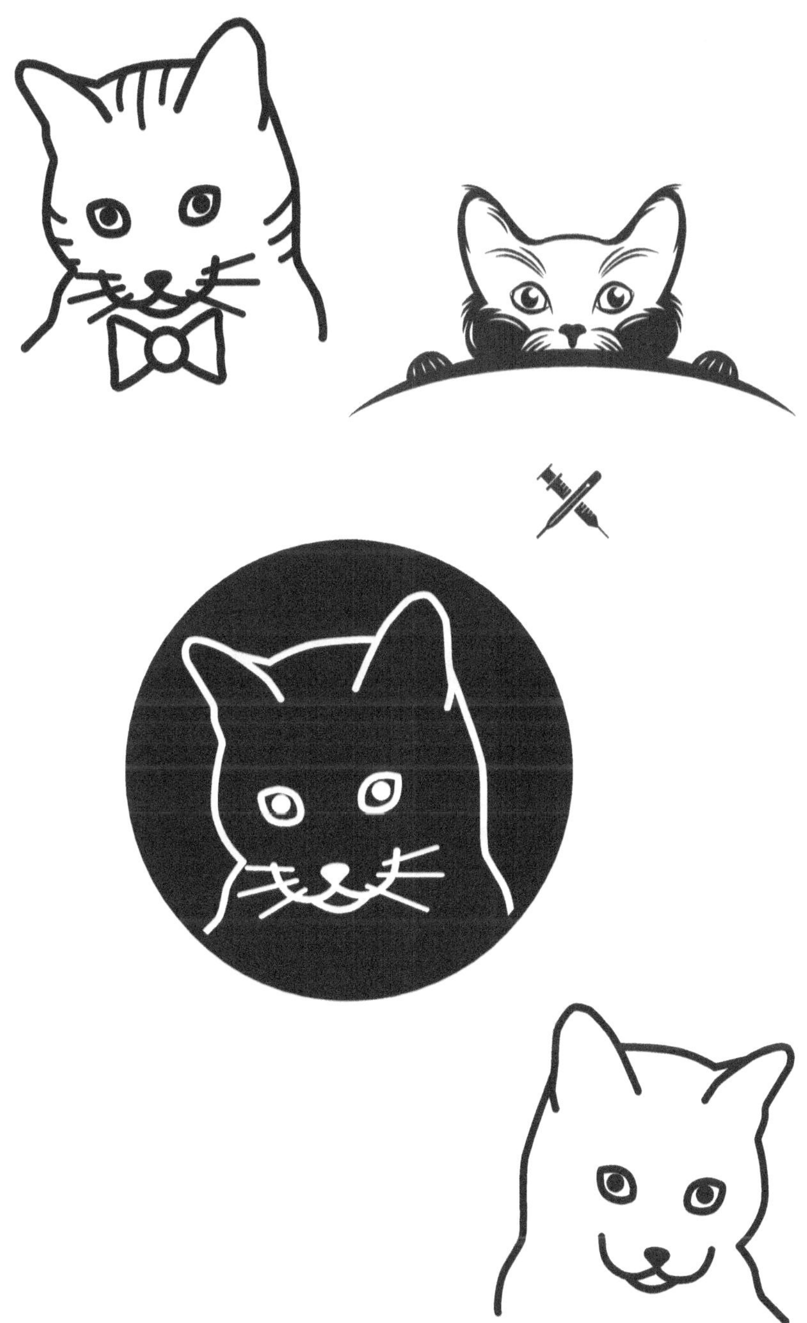

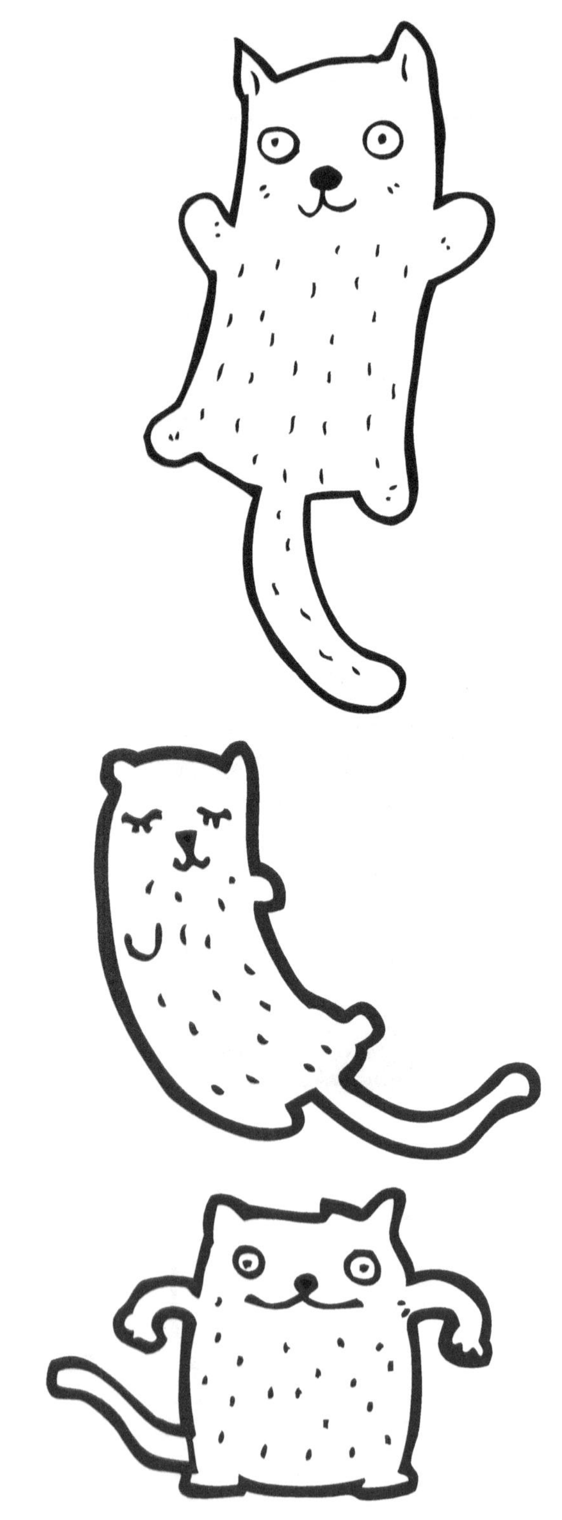

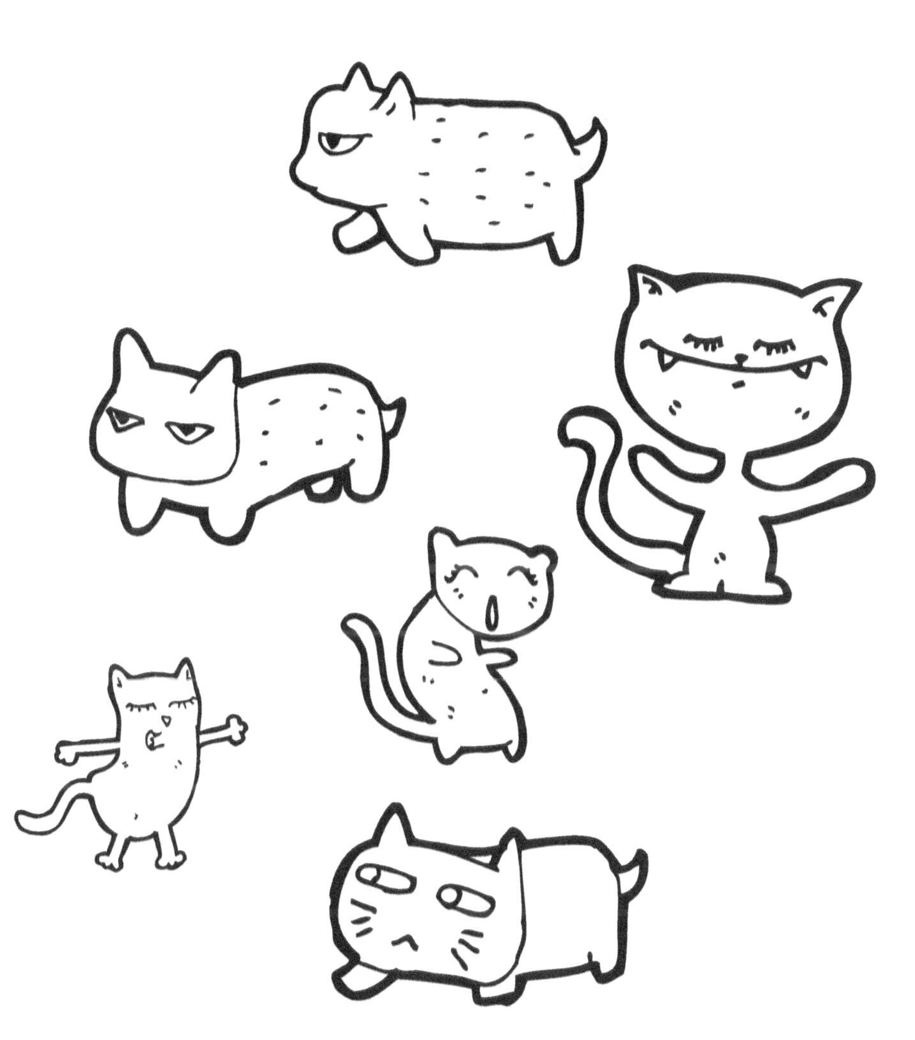

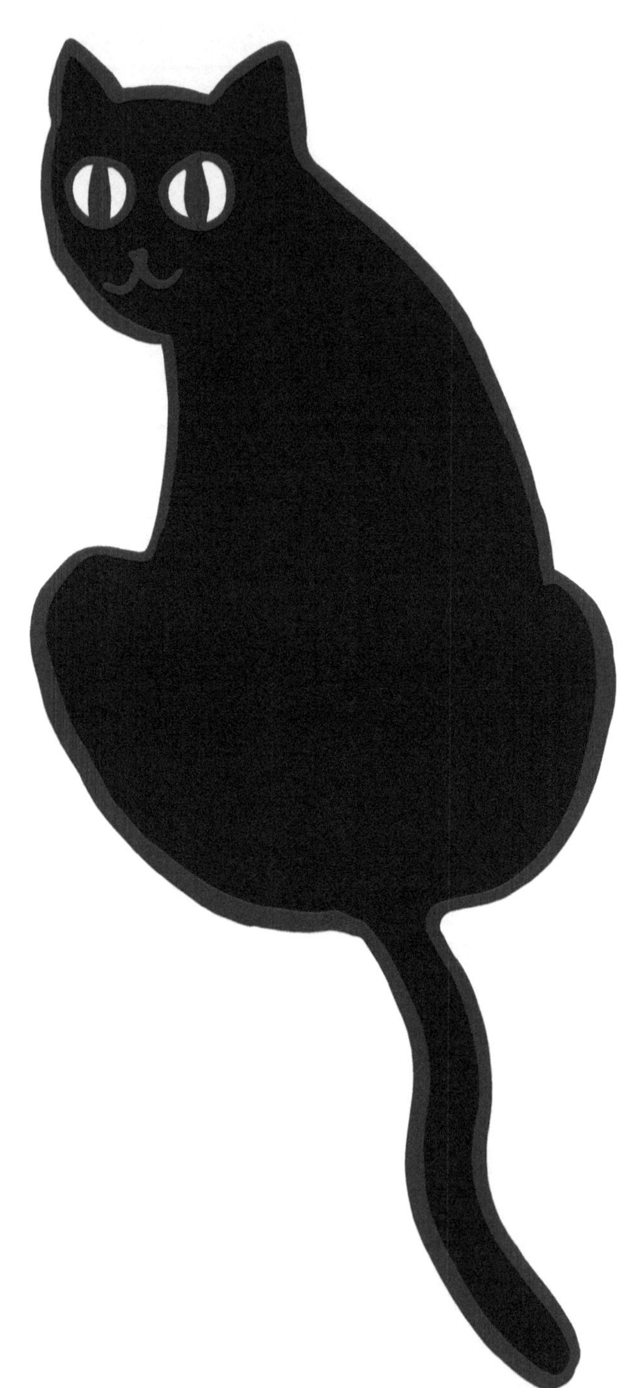

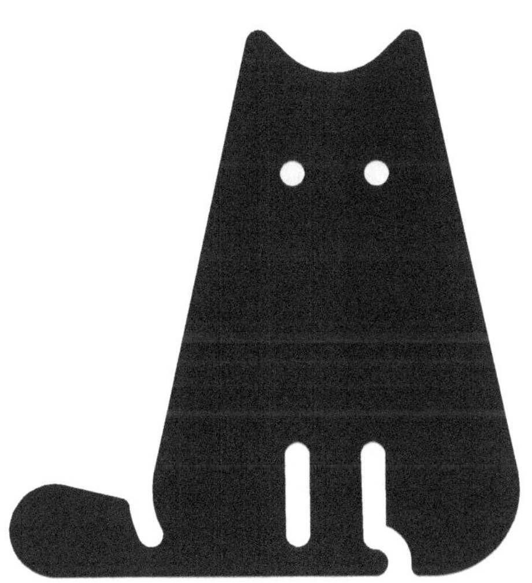

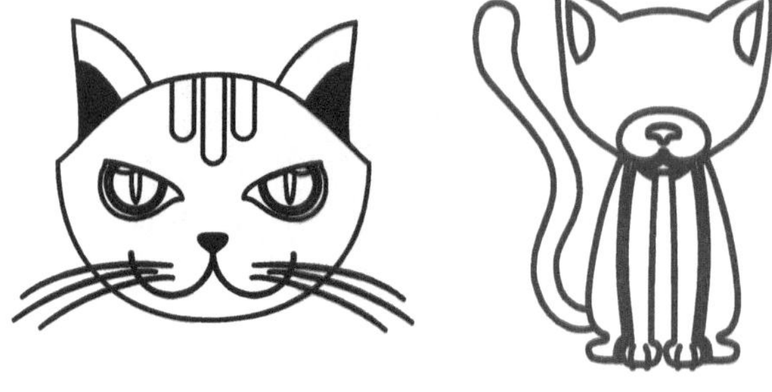

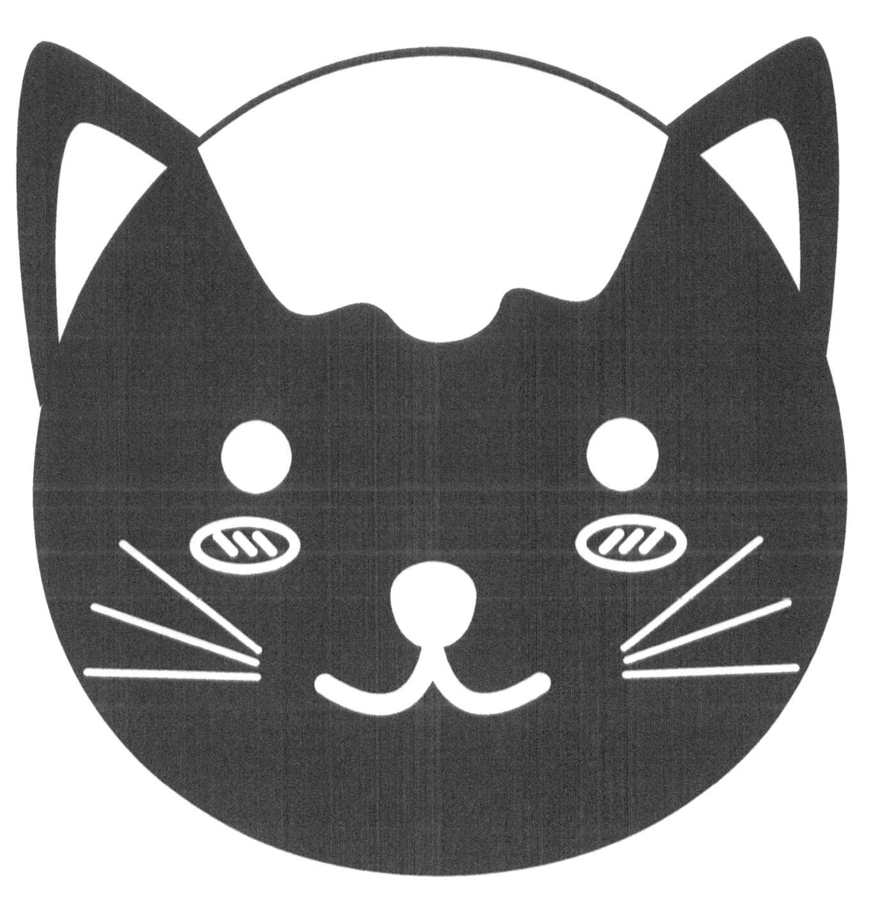

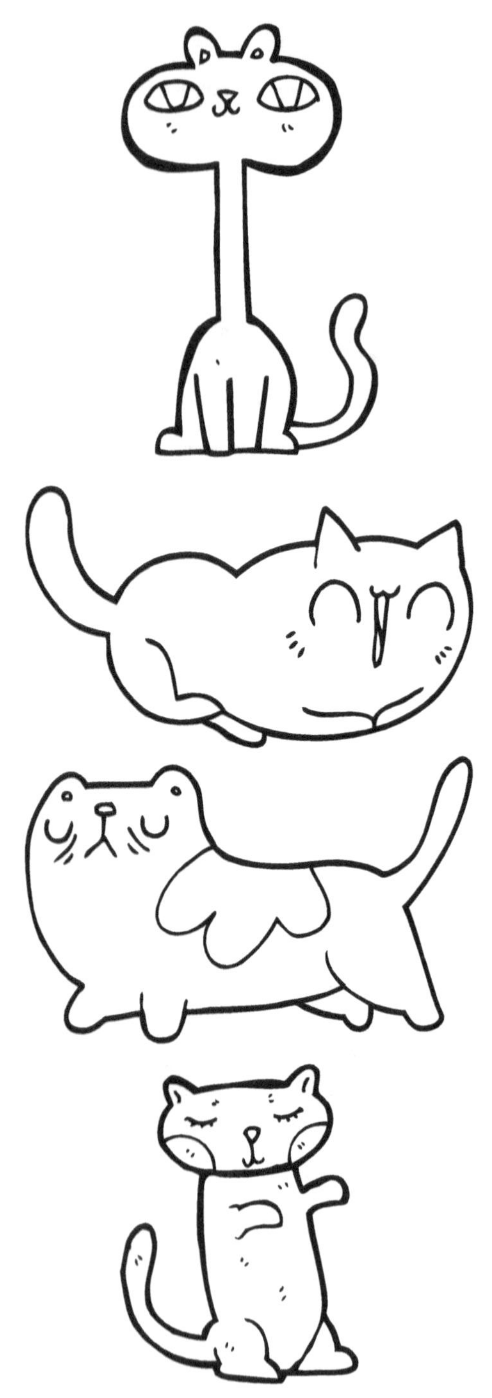

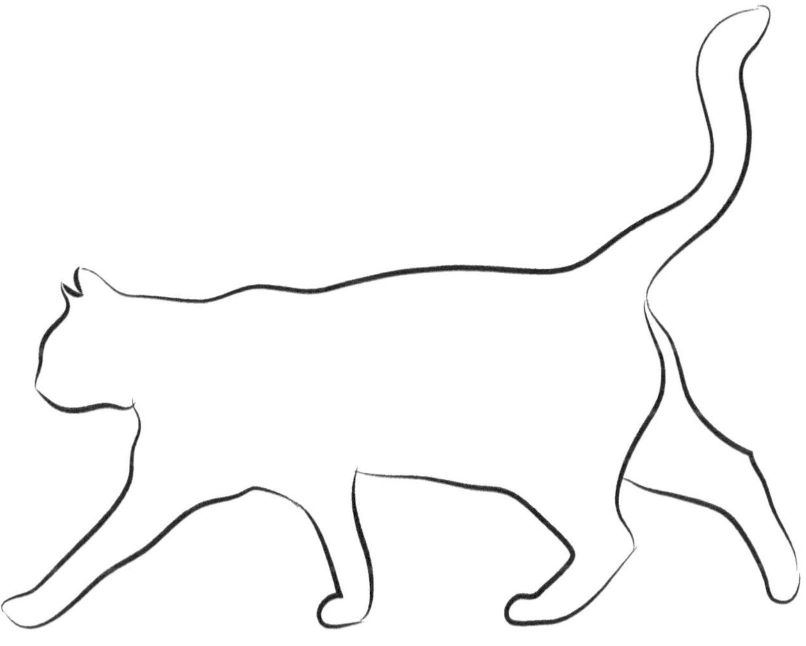

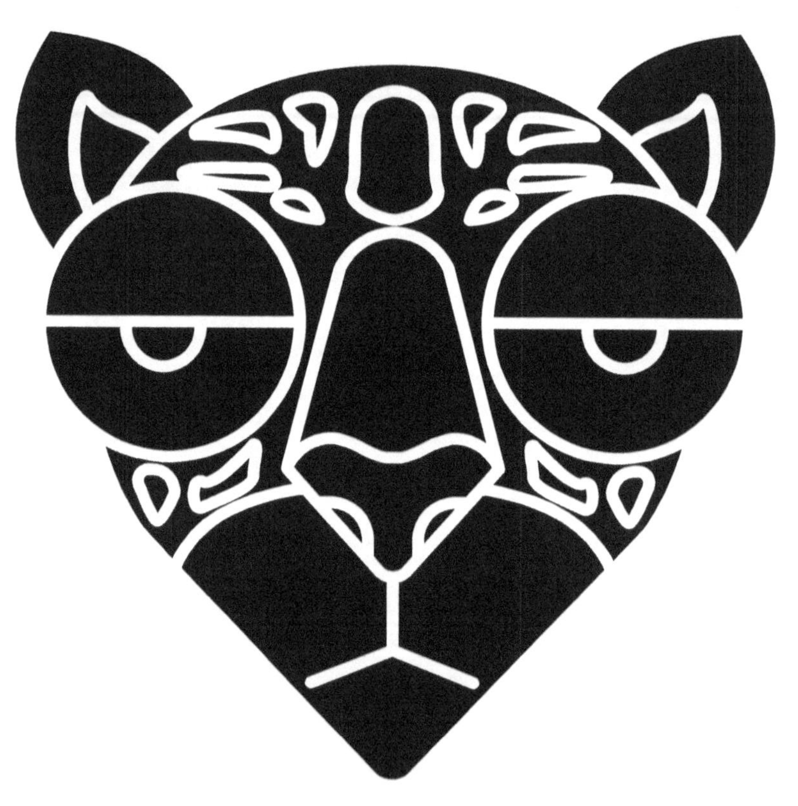

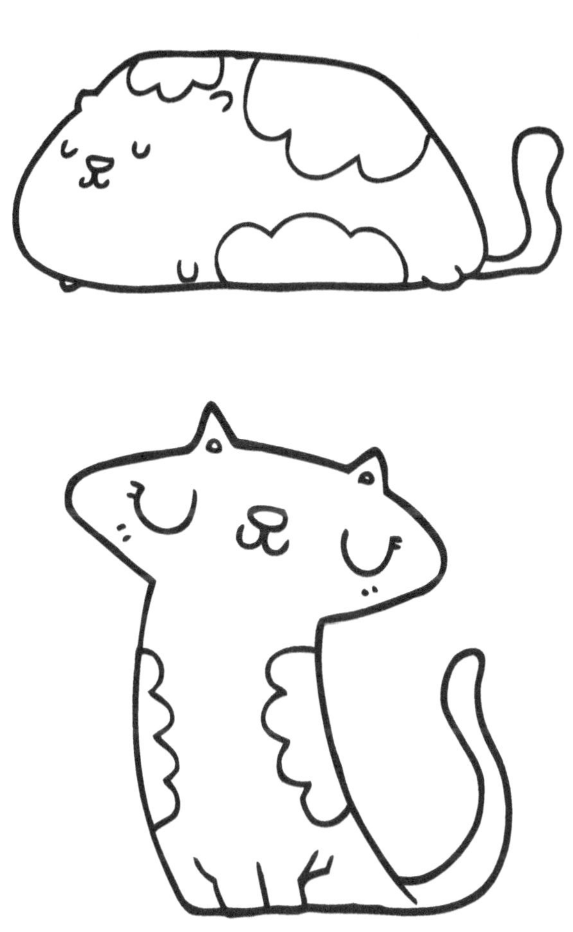

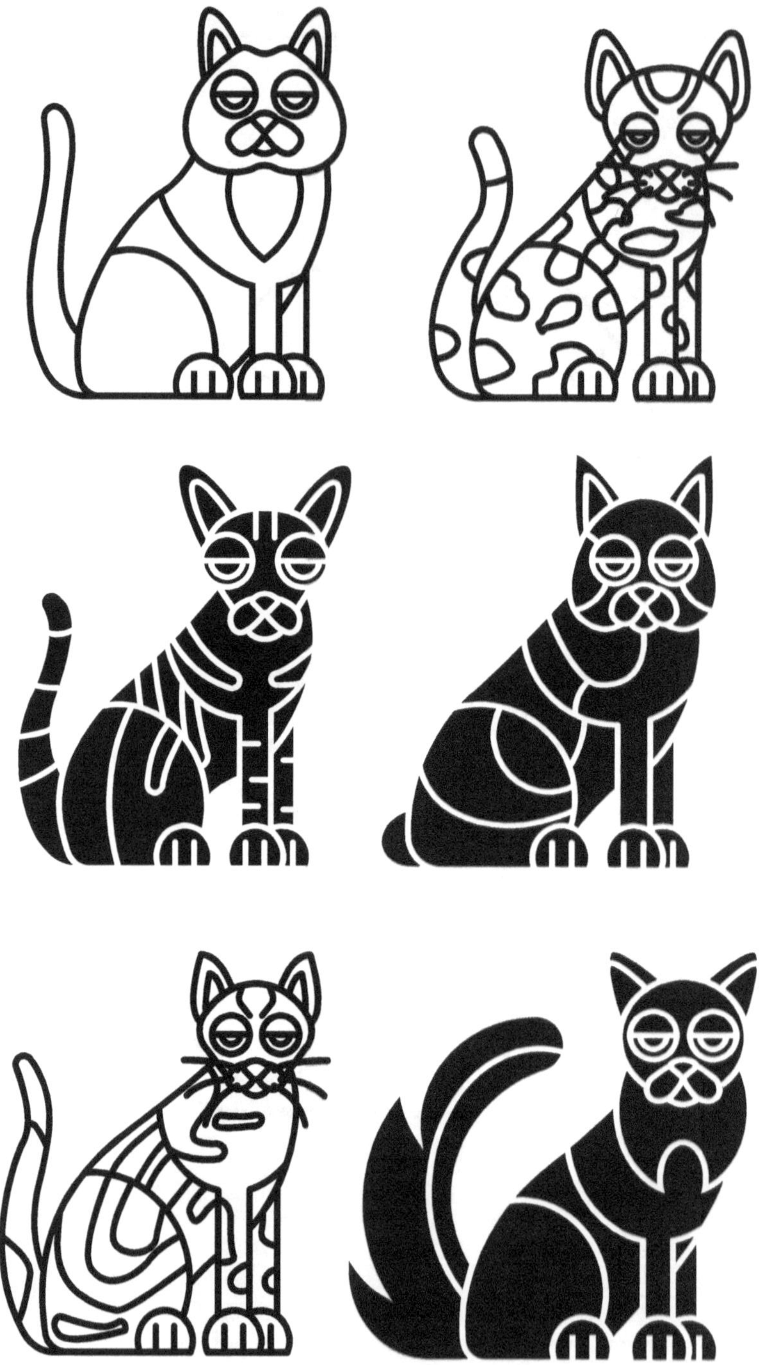

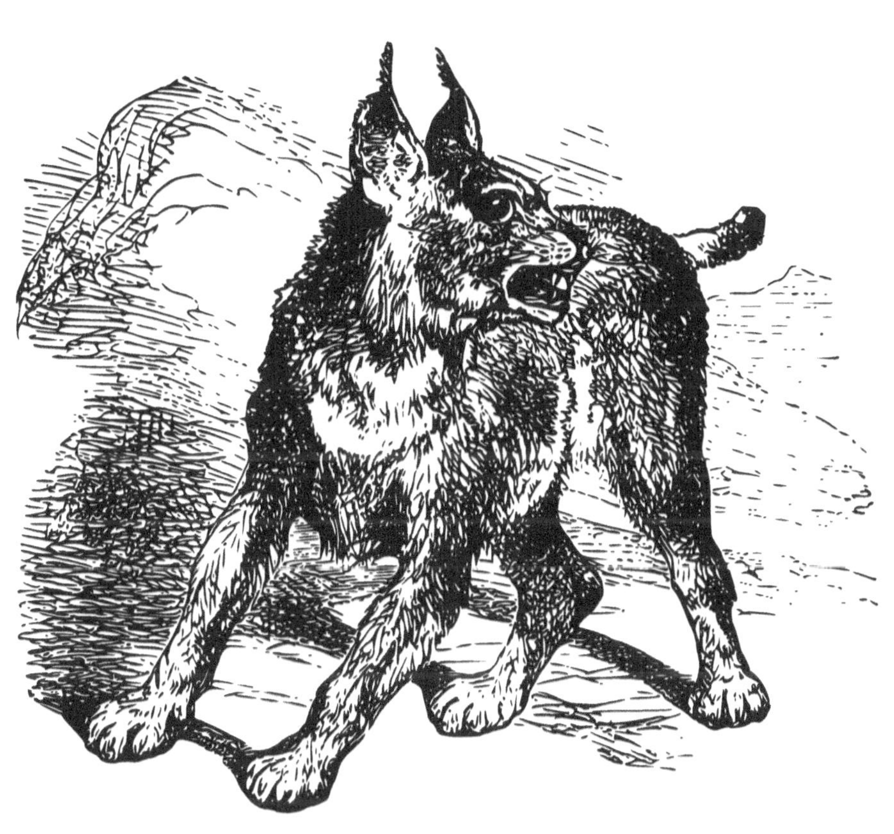

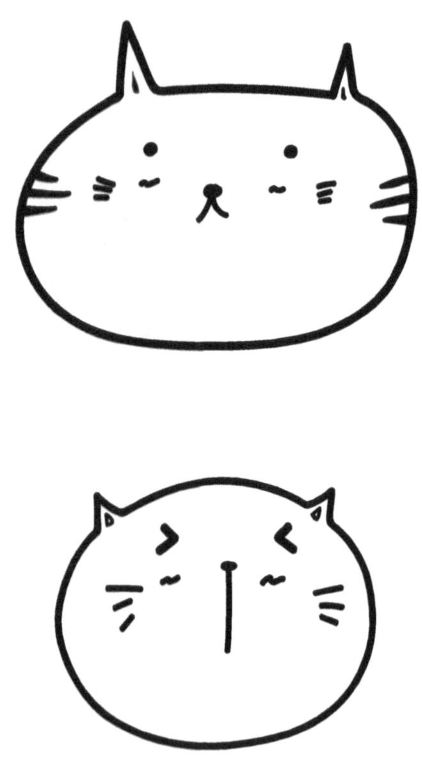

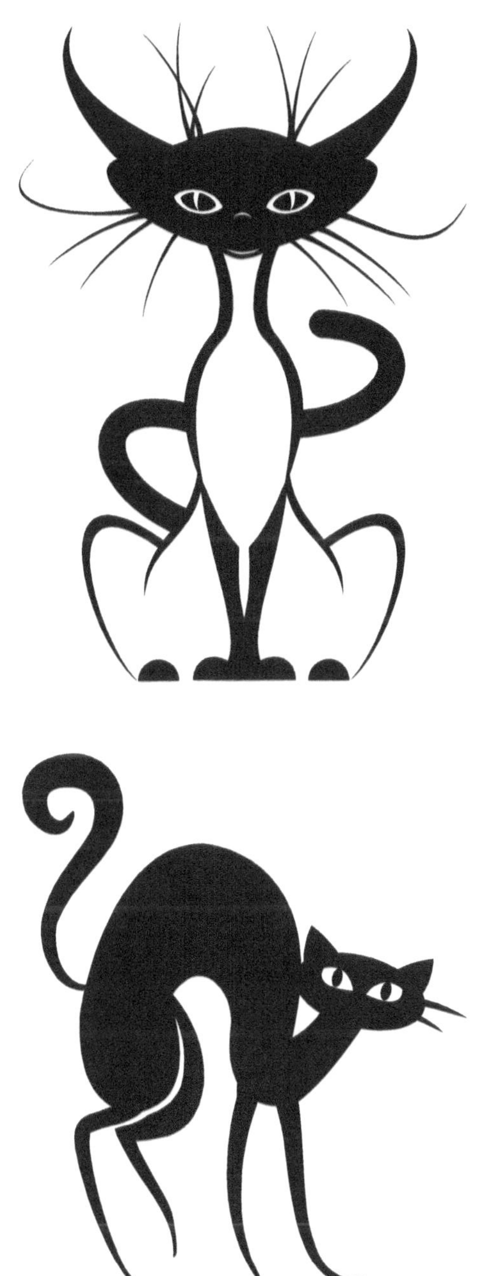

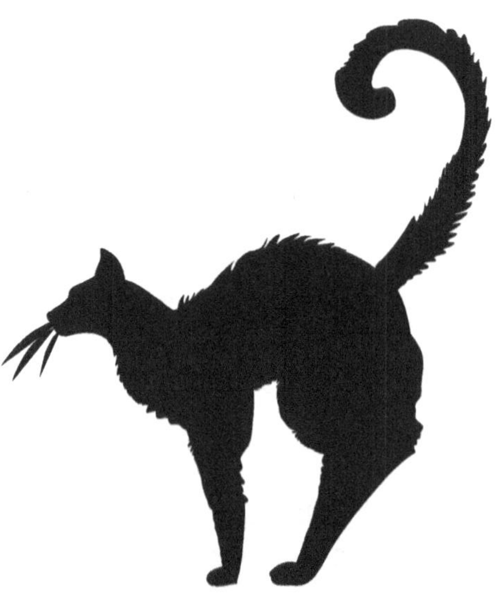

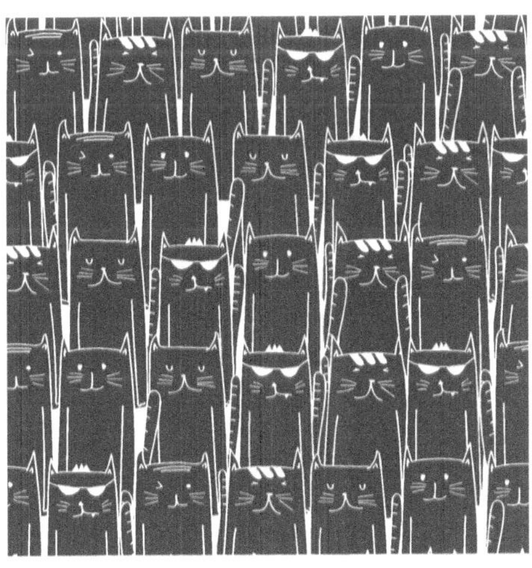

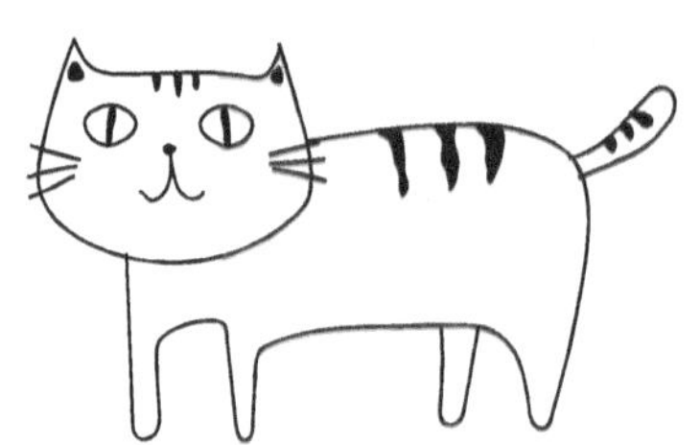
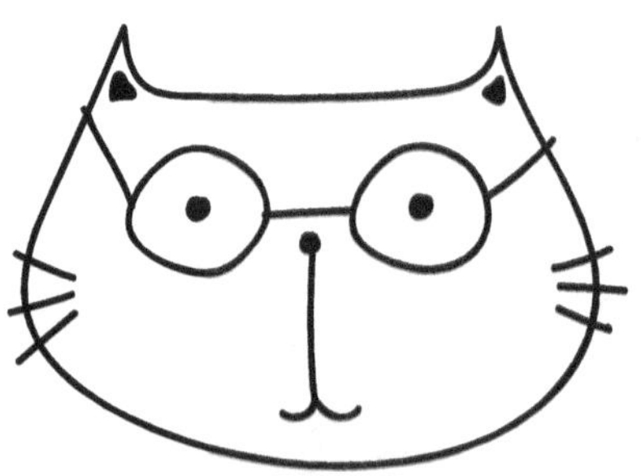

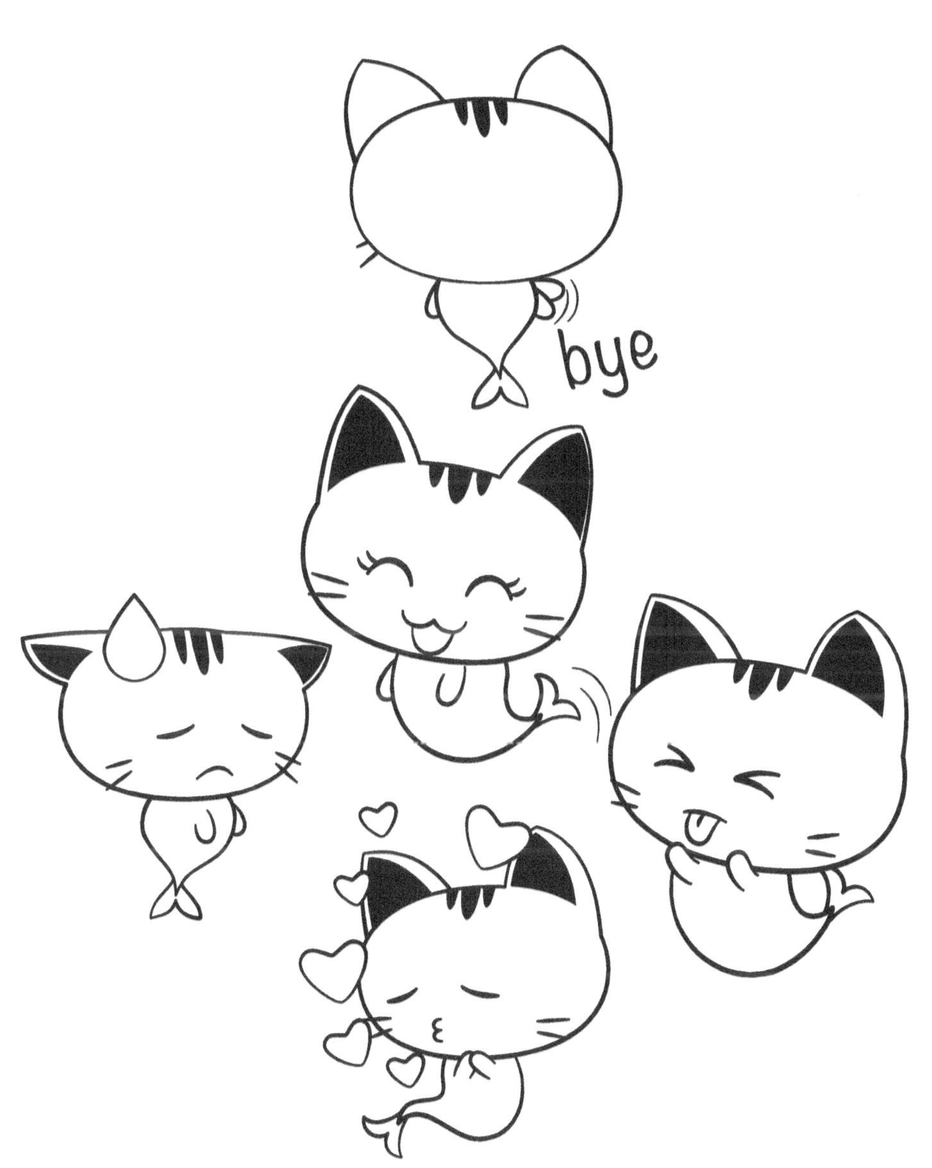
bye

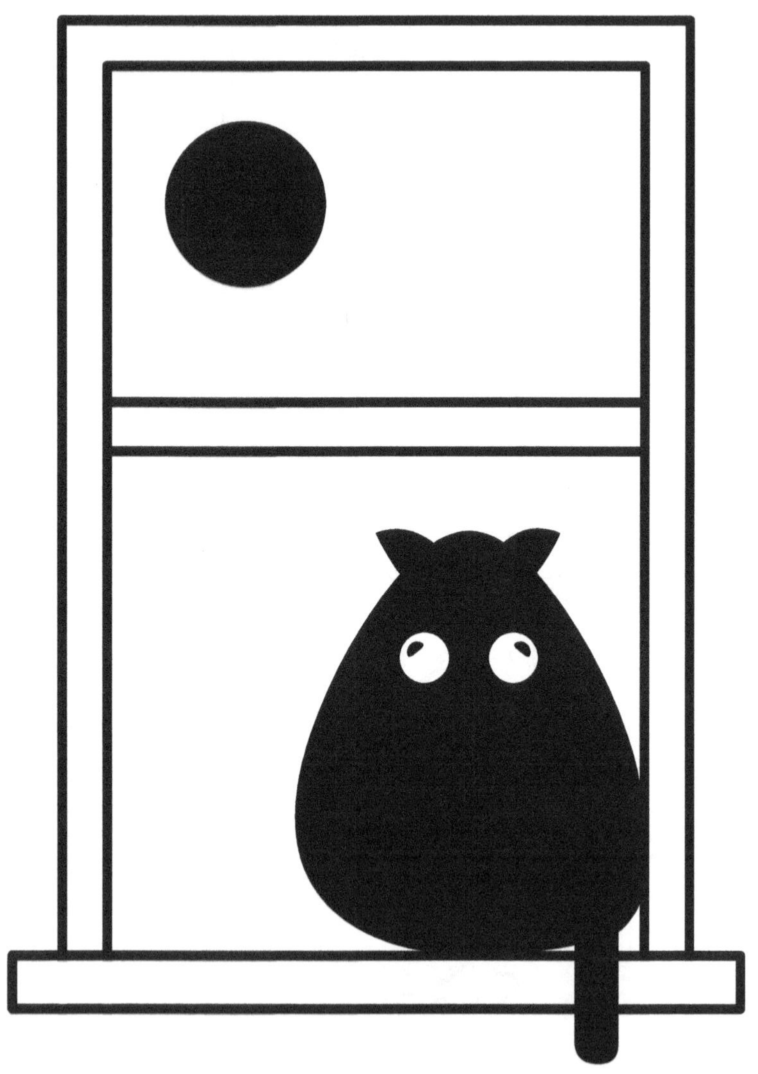

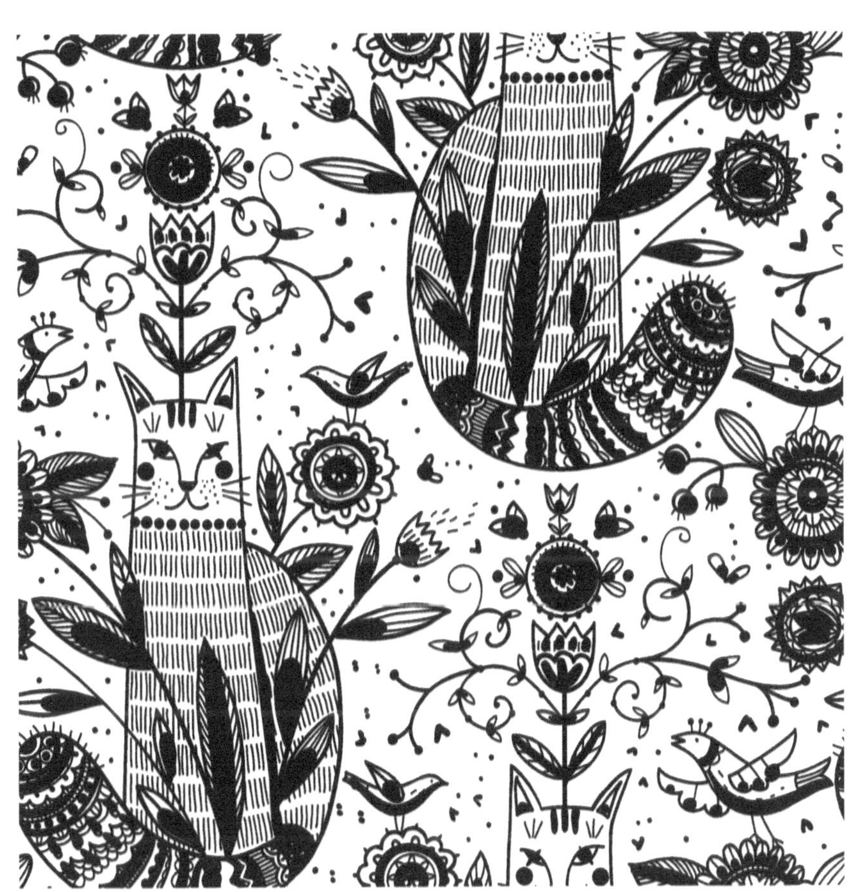

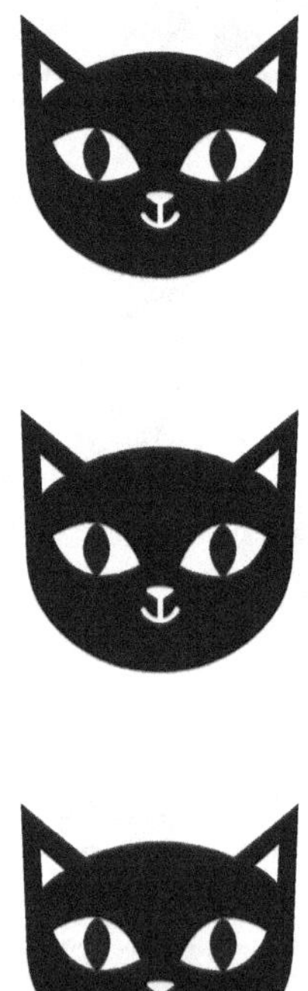

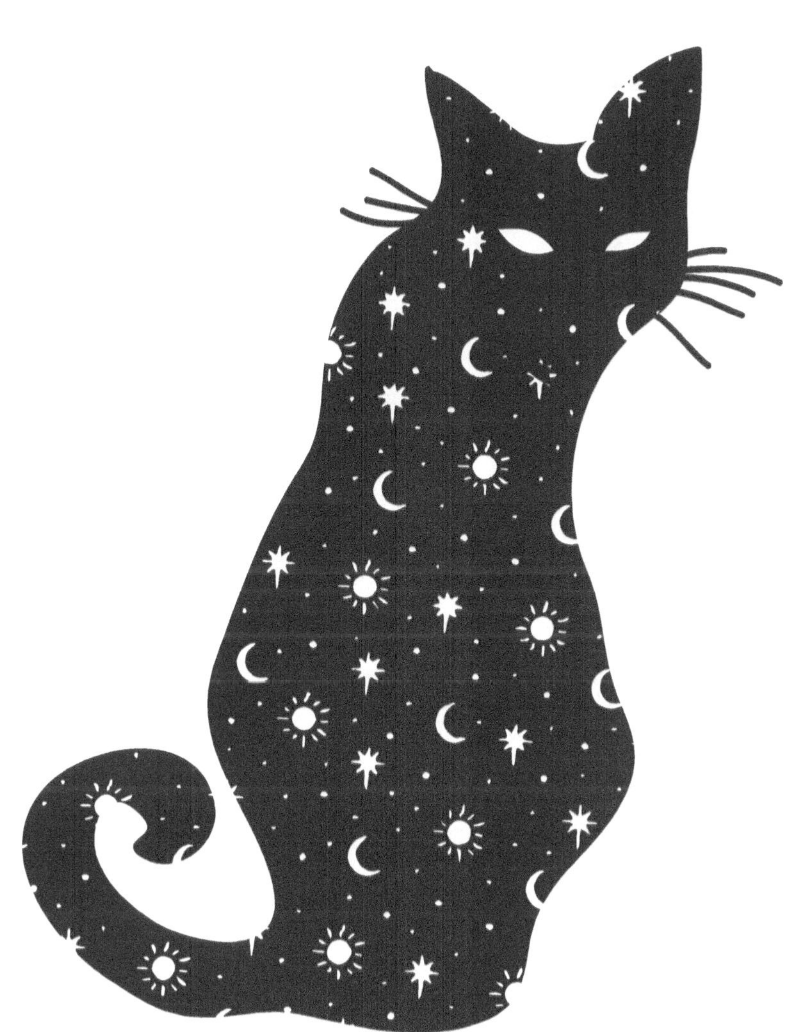

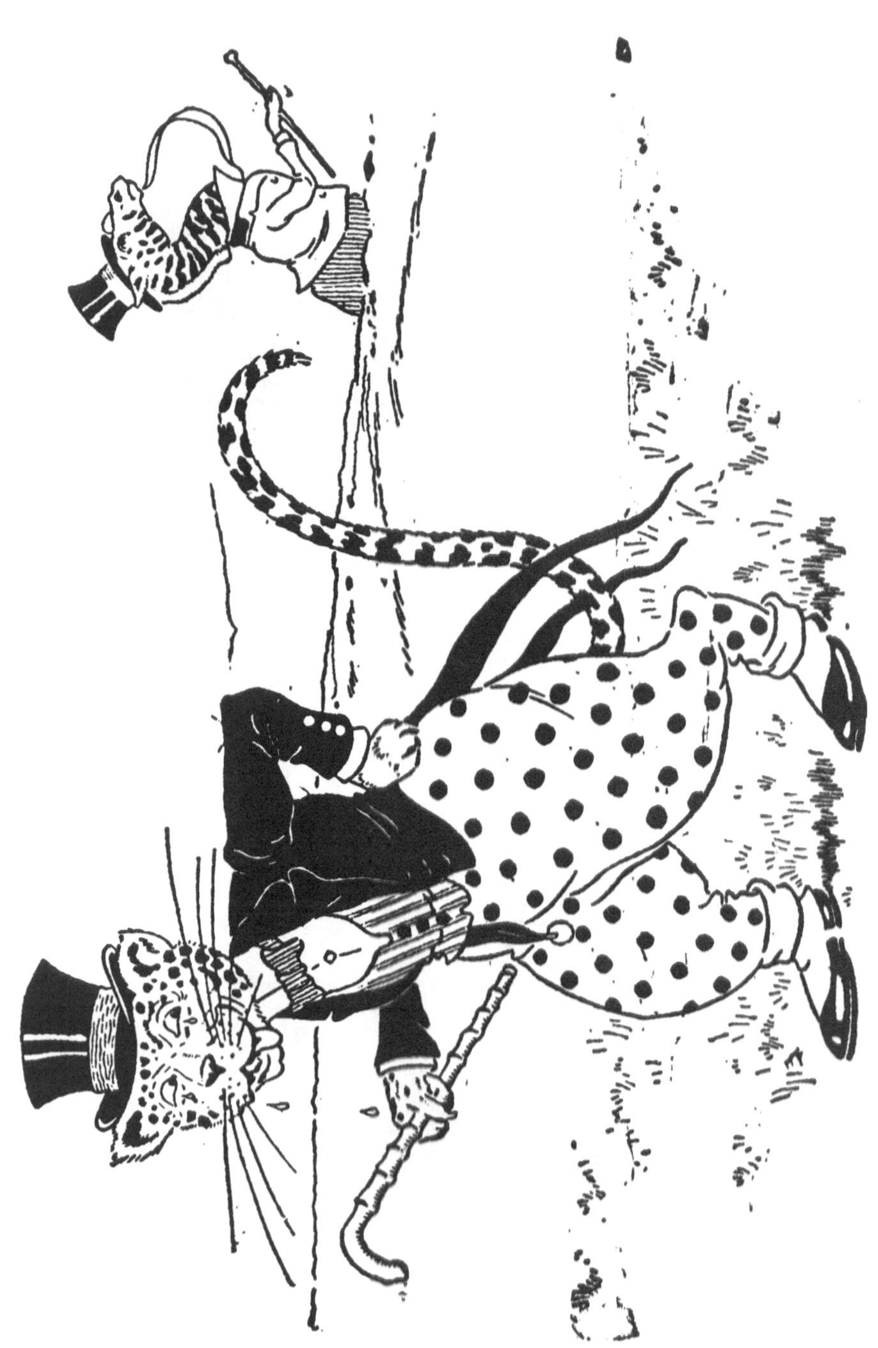

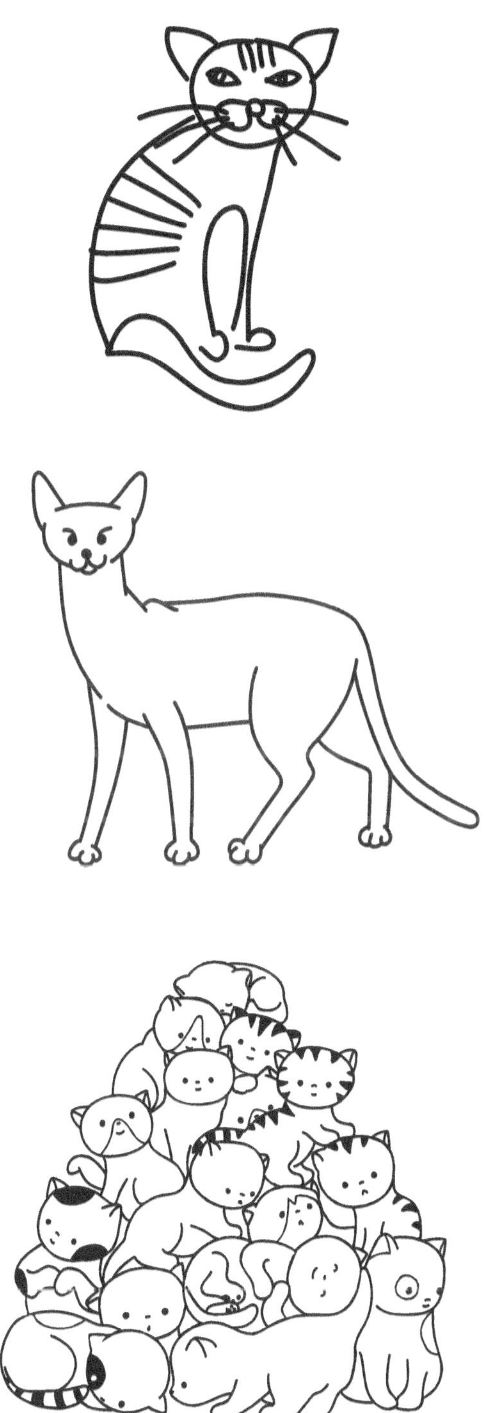

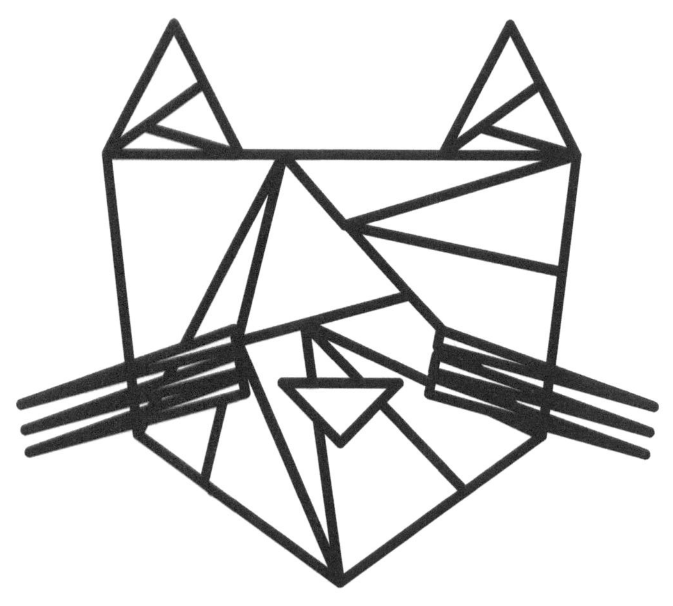

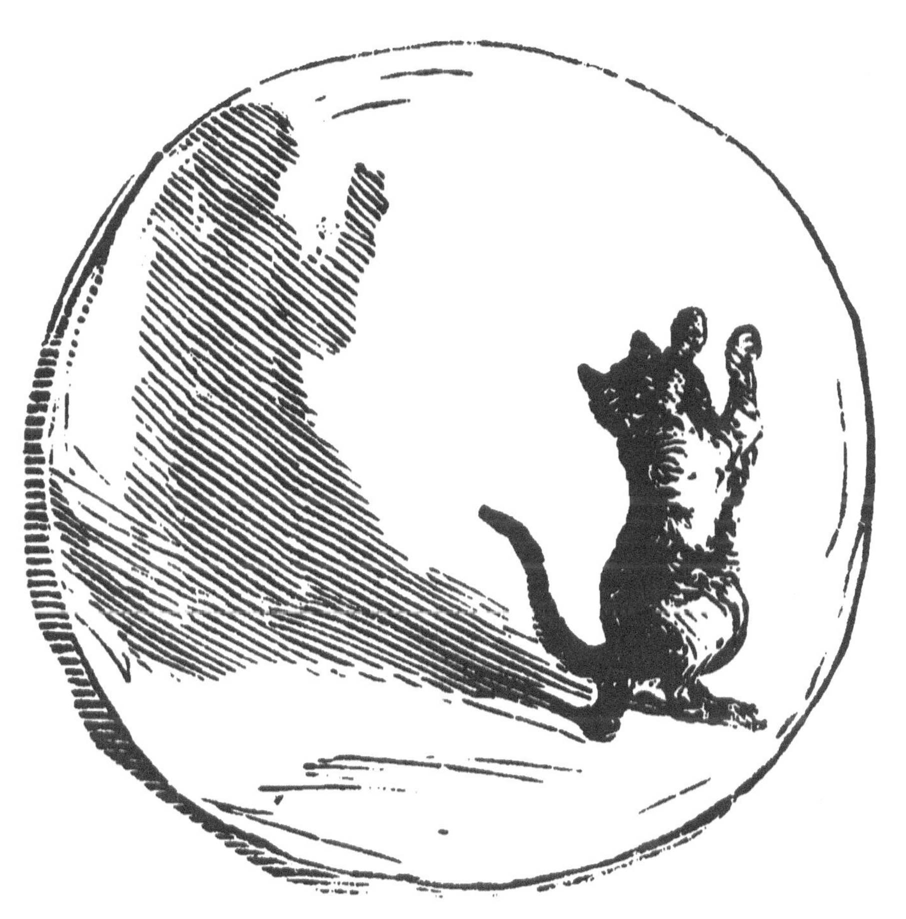

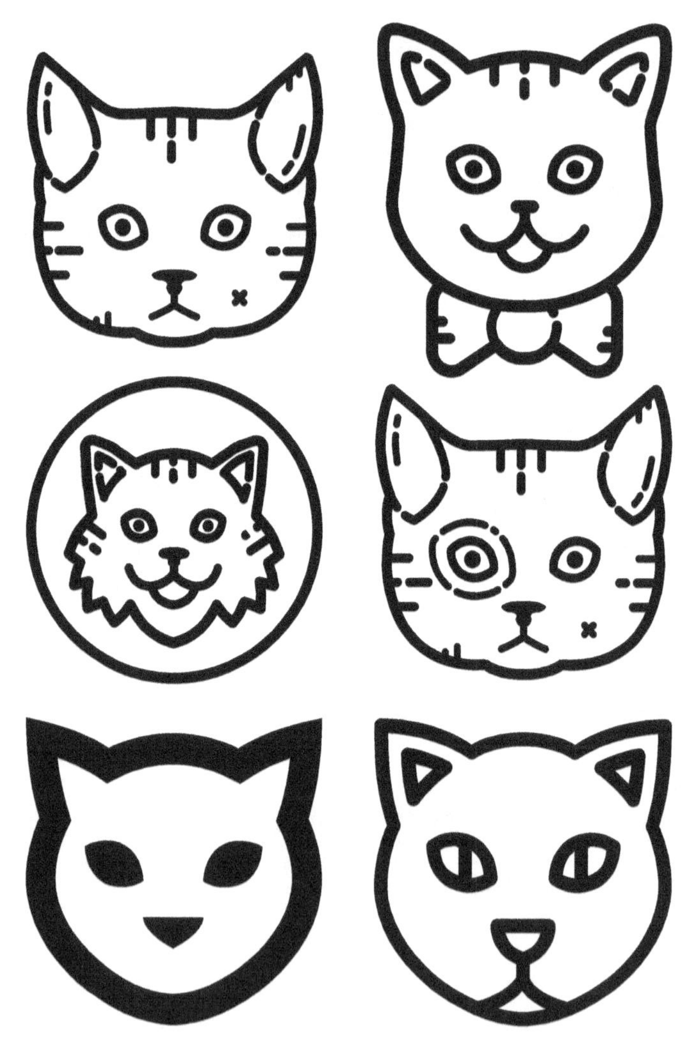

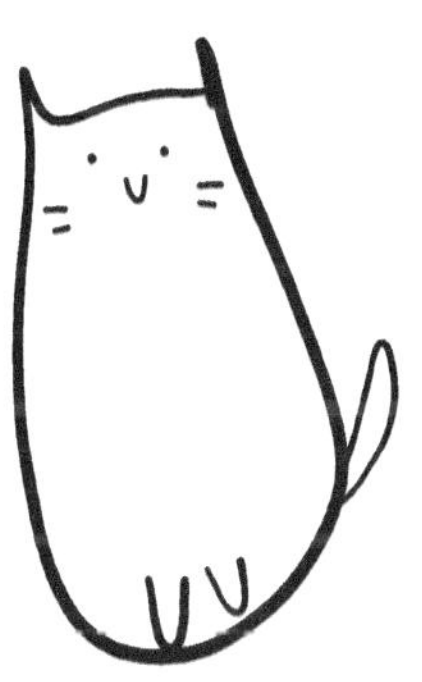

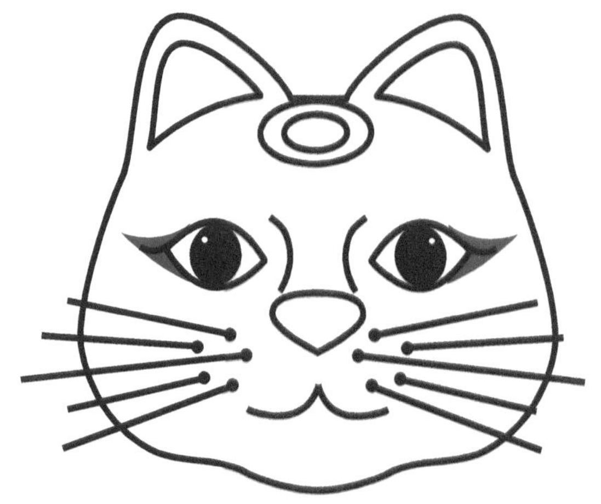

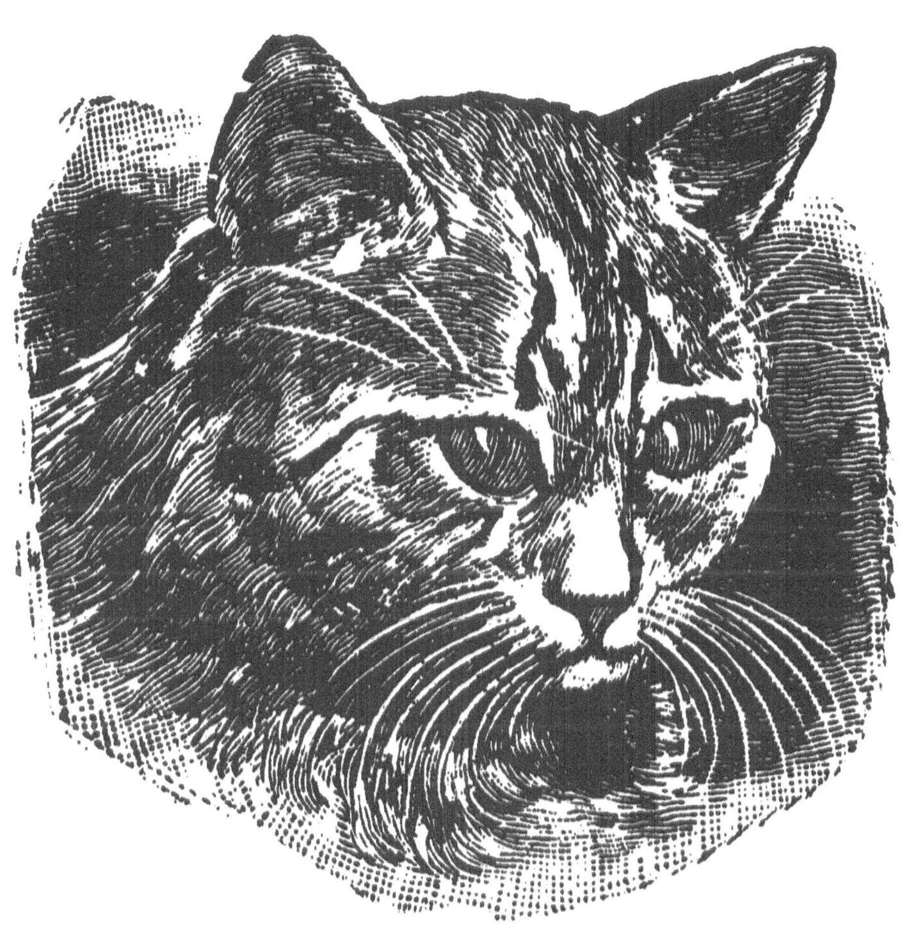

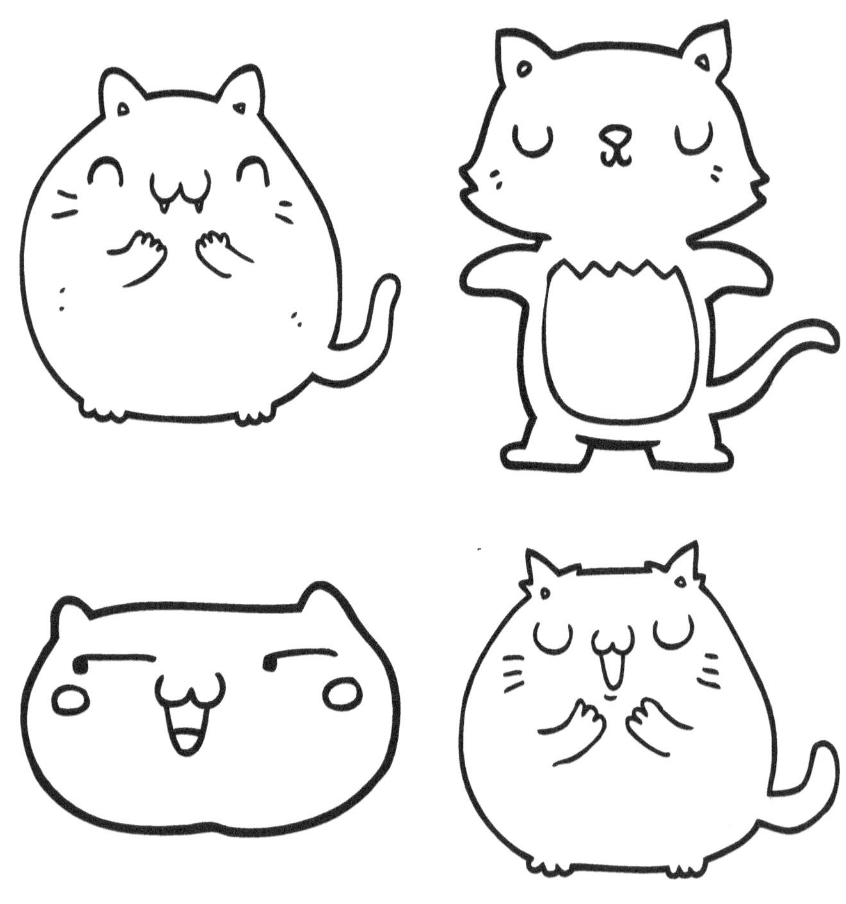

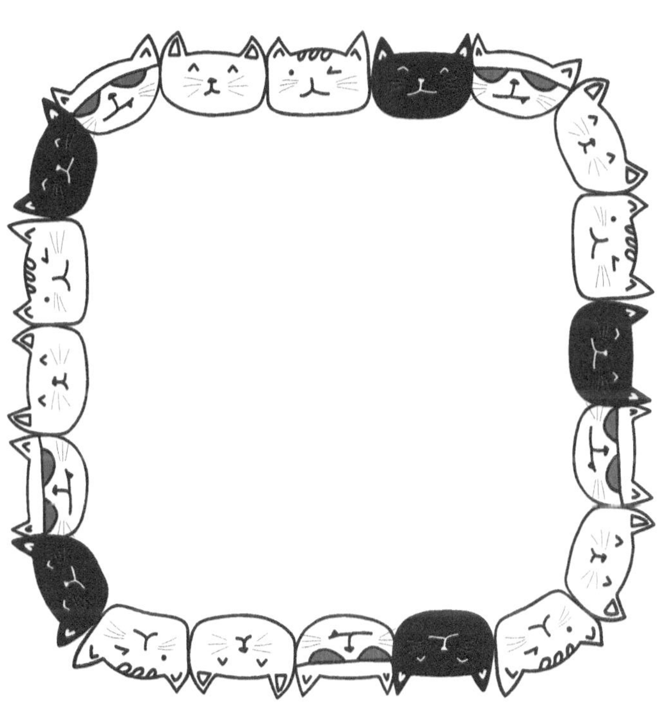

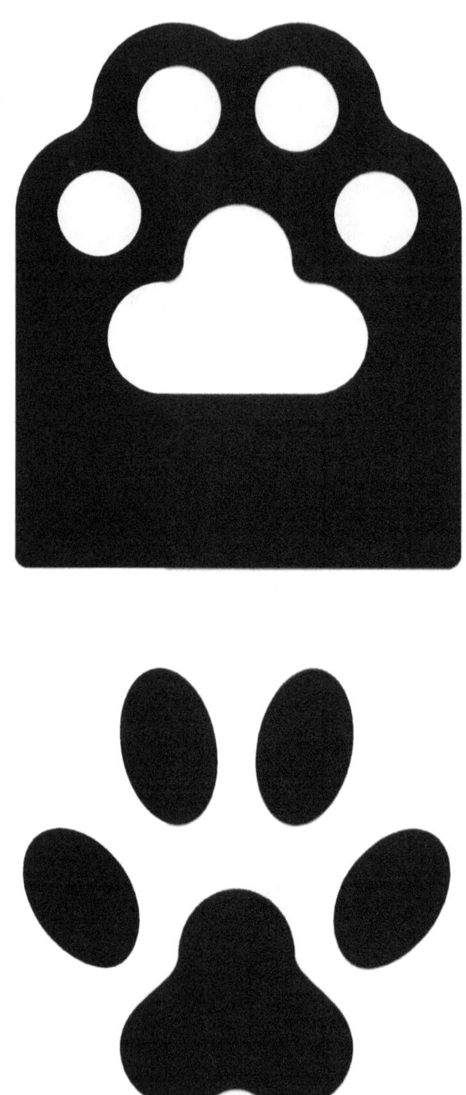

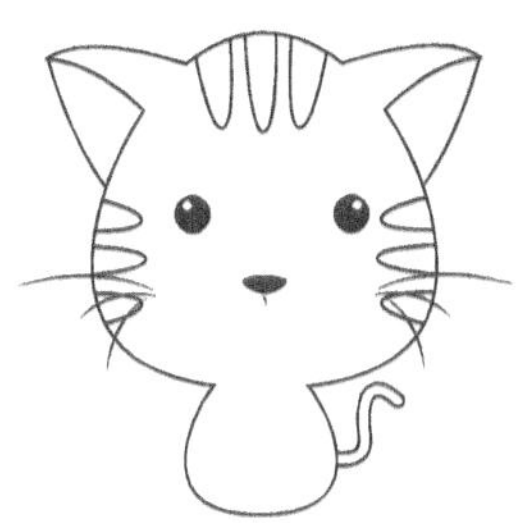

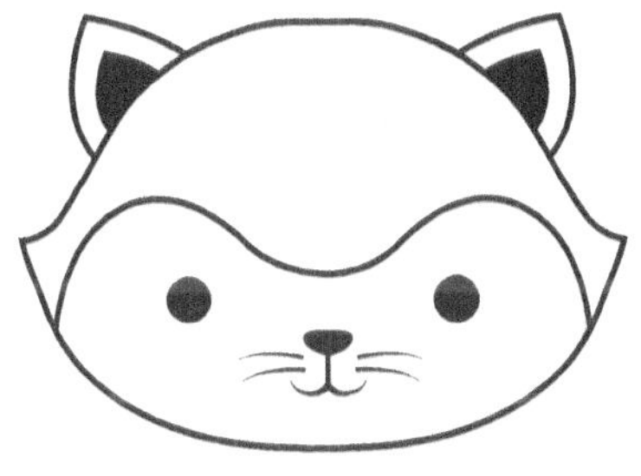

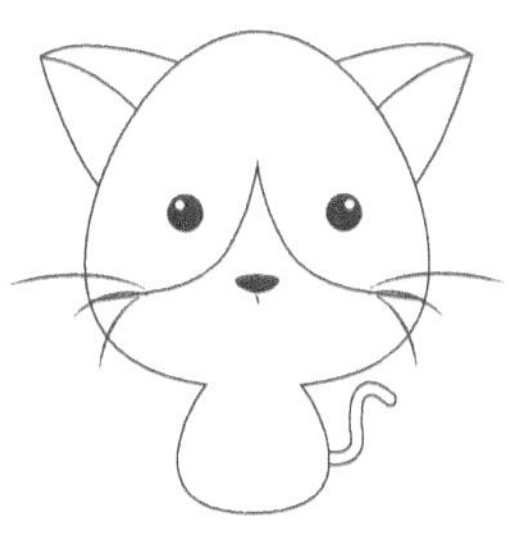

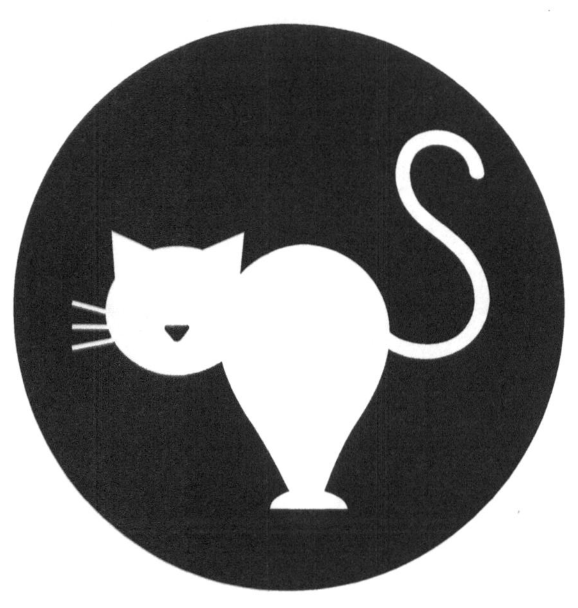

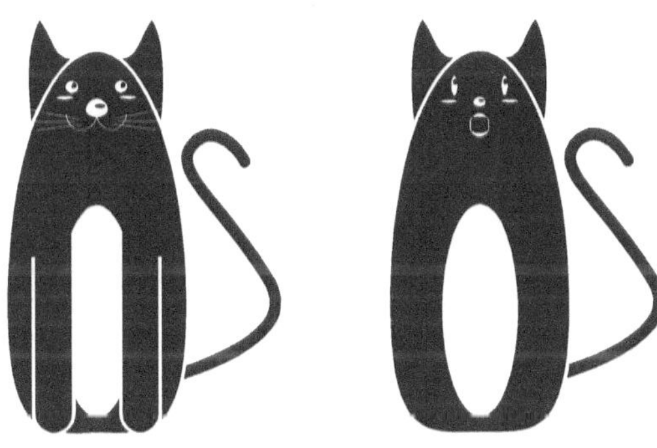

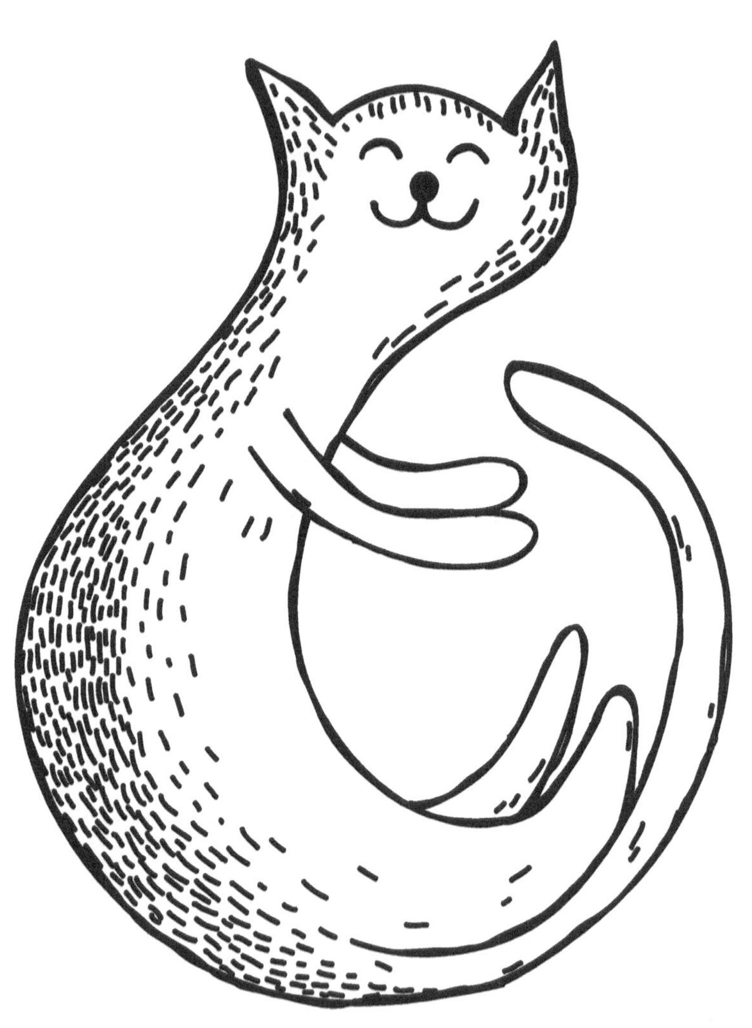

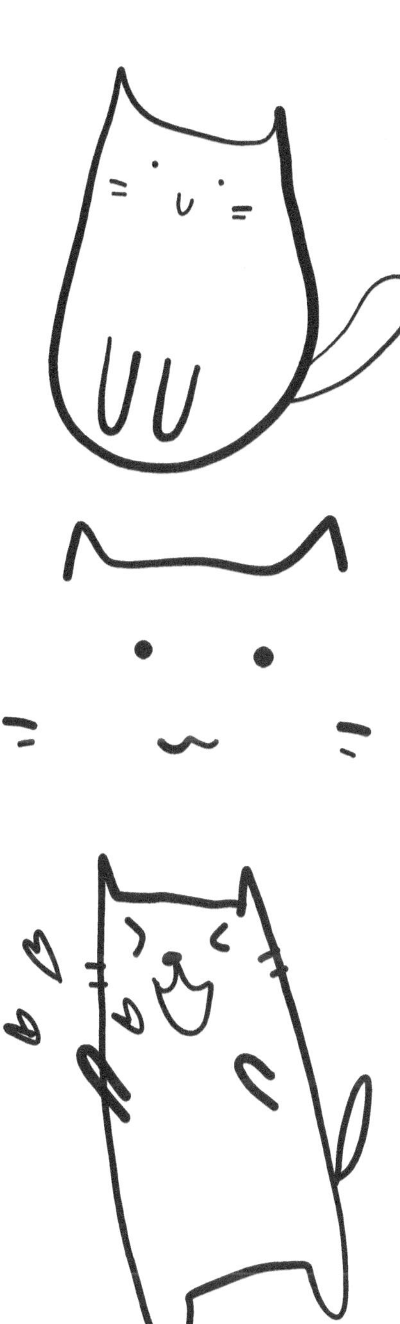

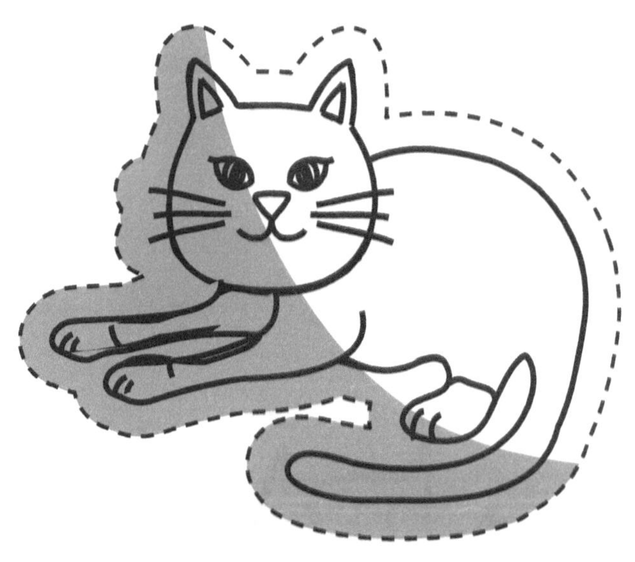

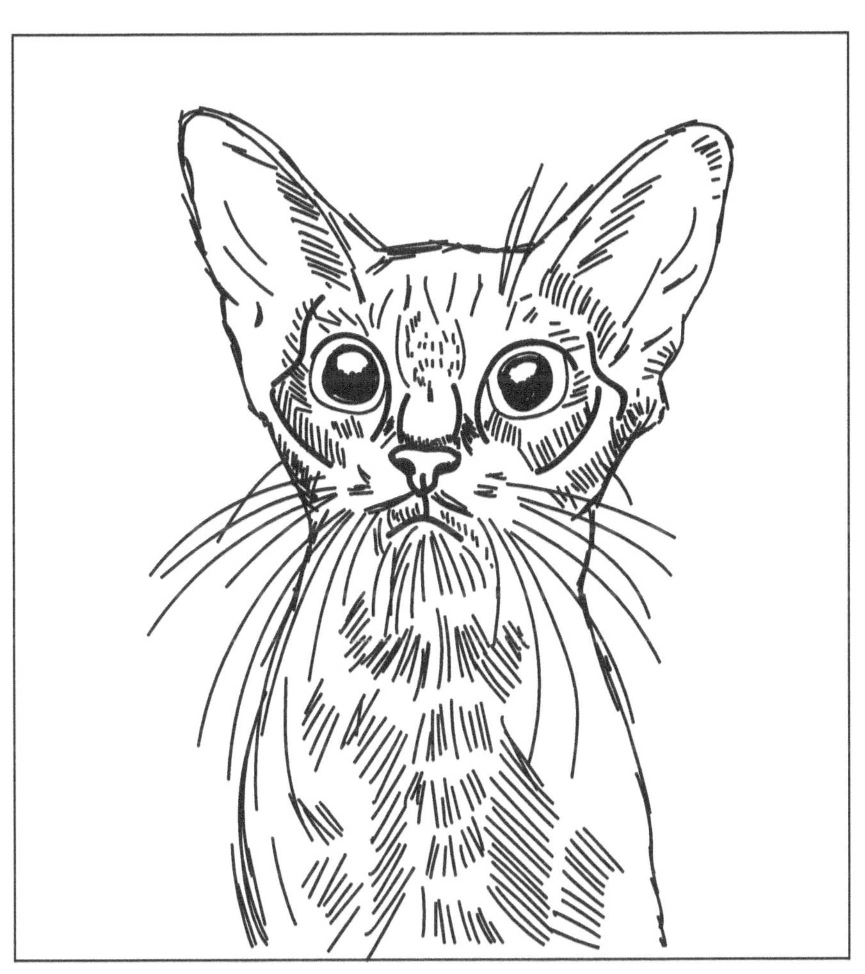

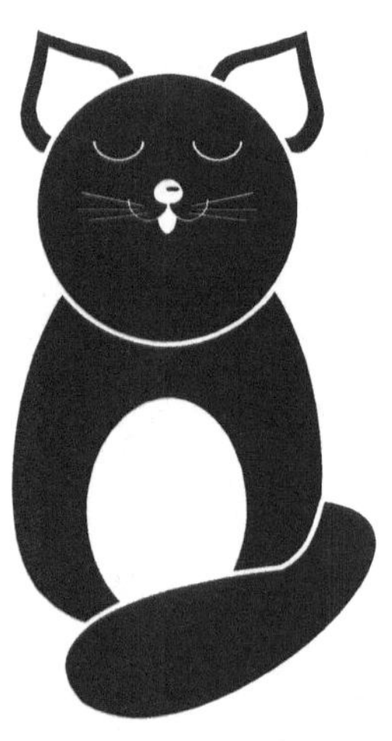

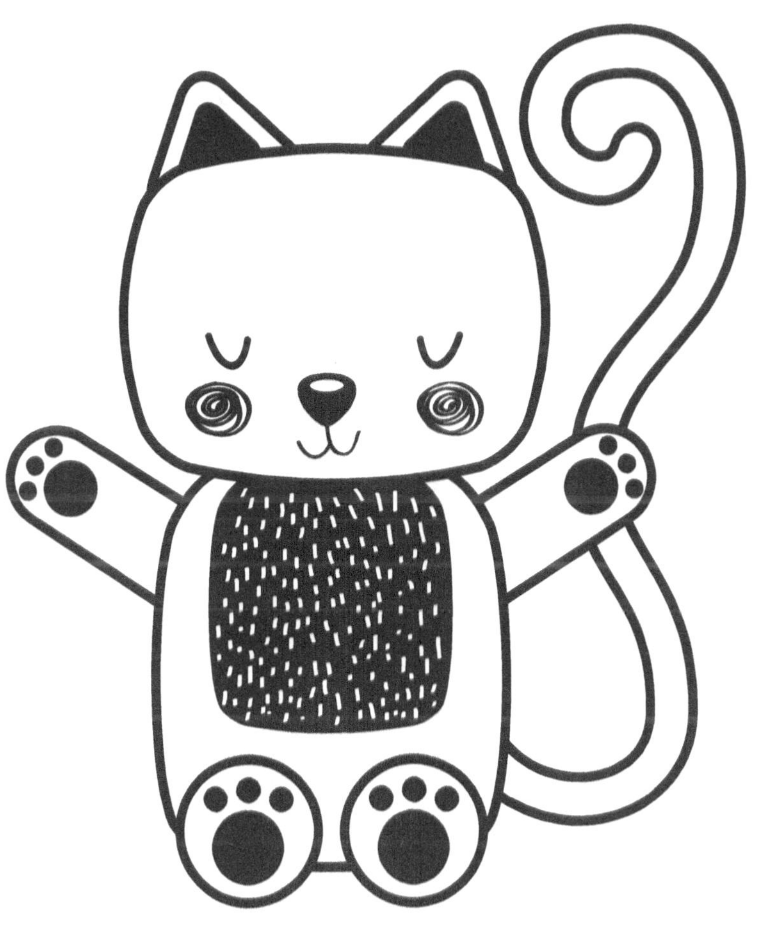

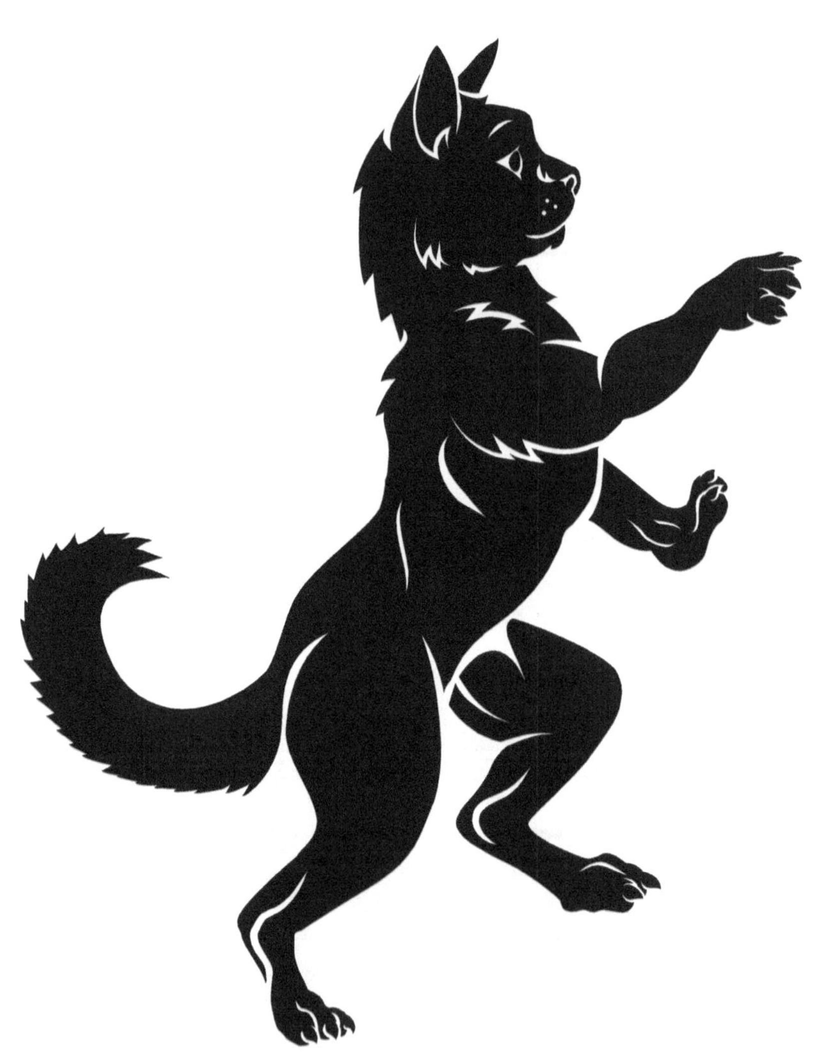

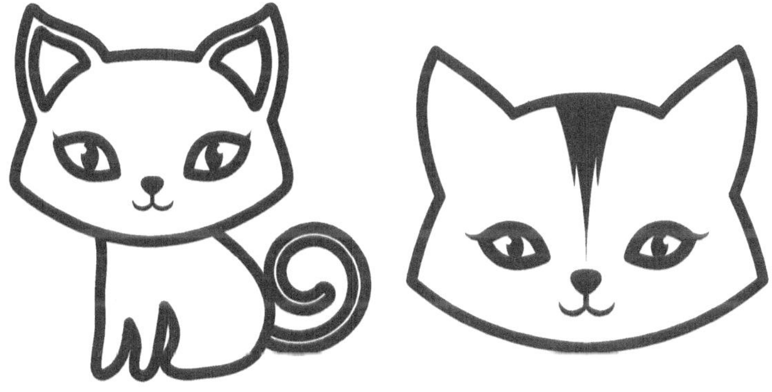

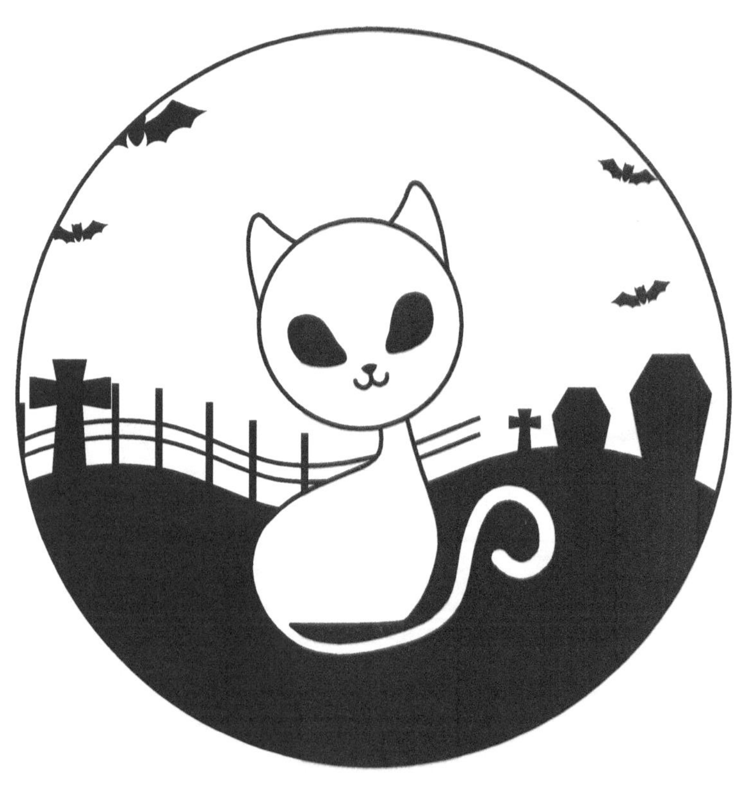

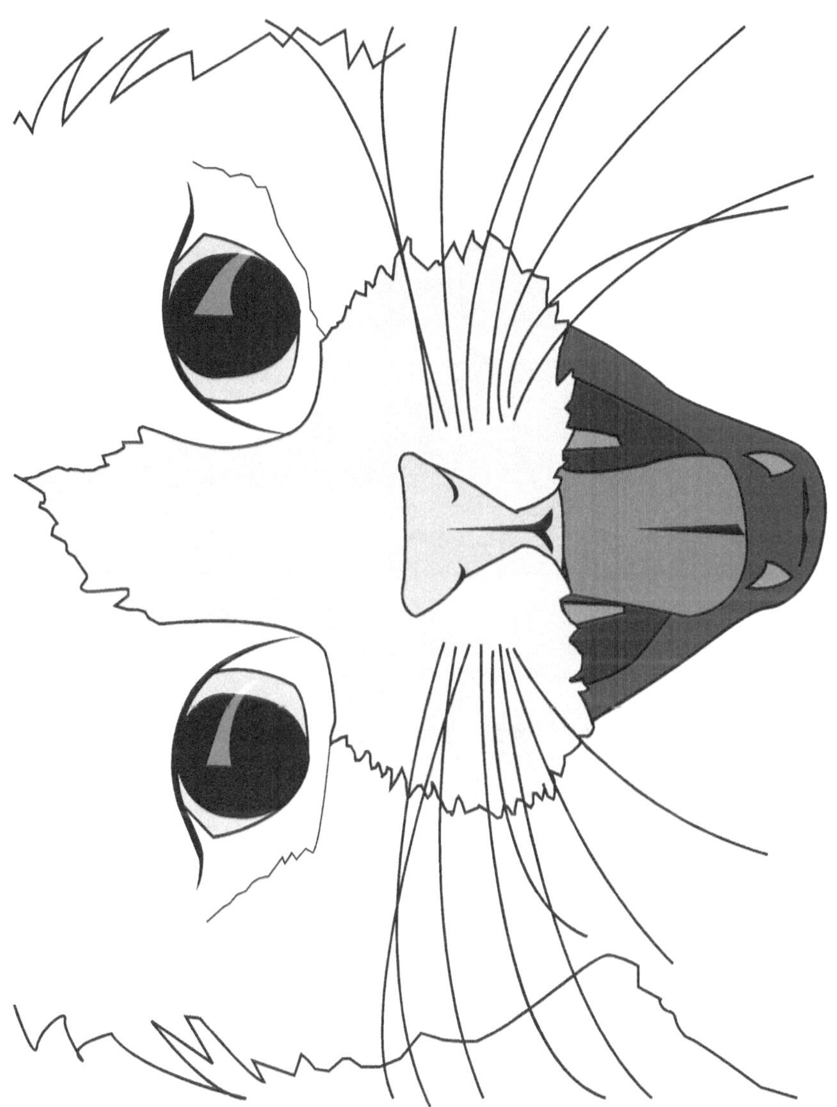

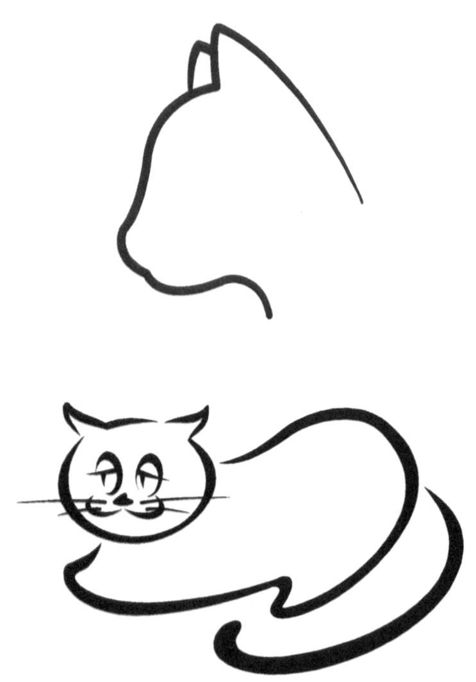

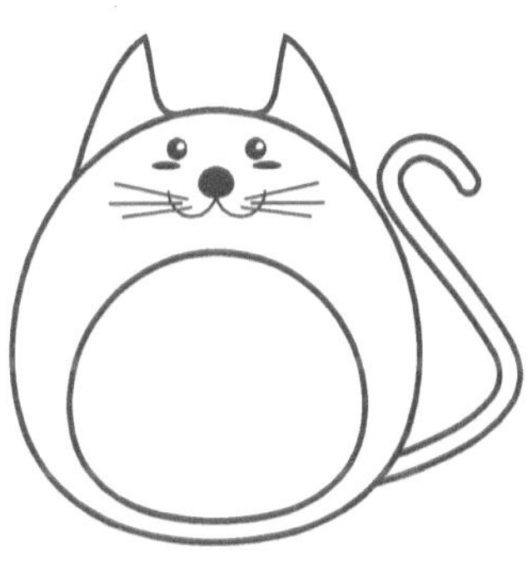
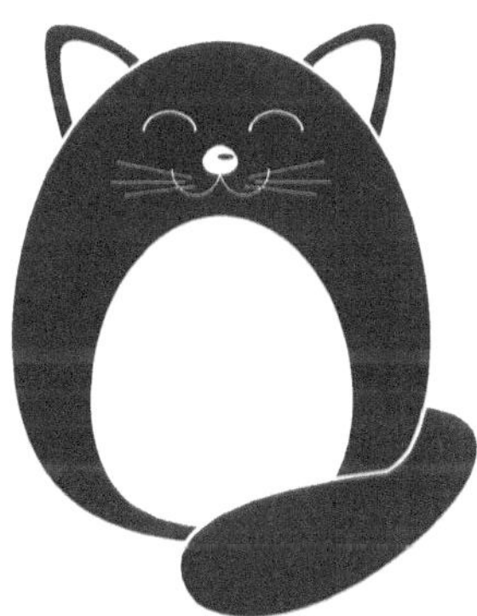

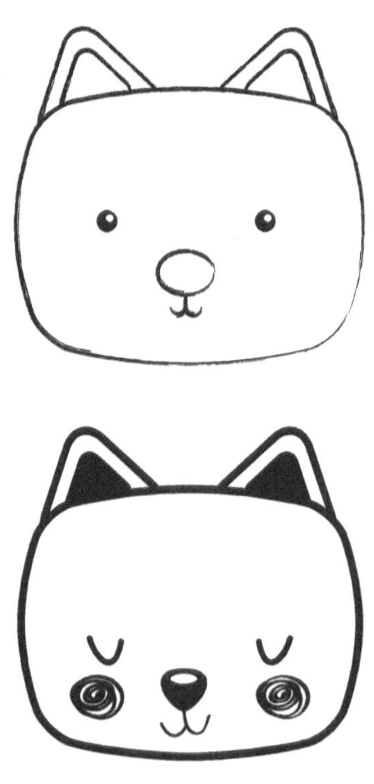

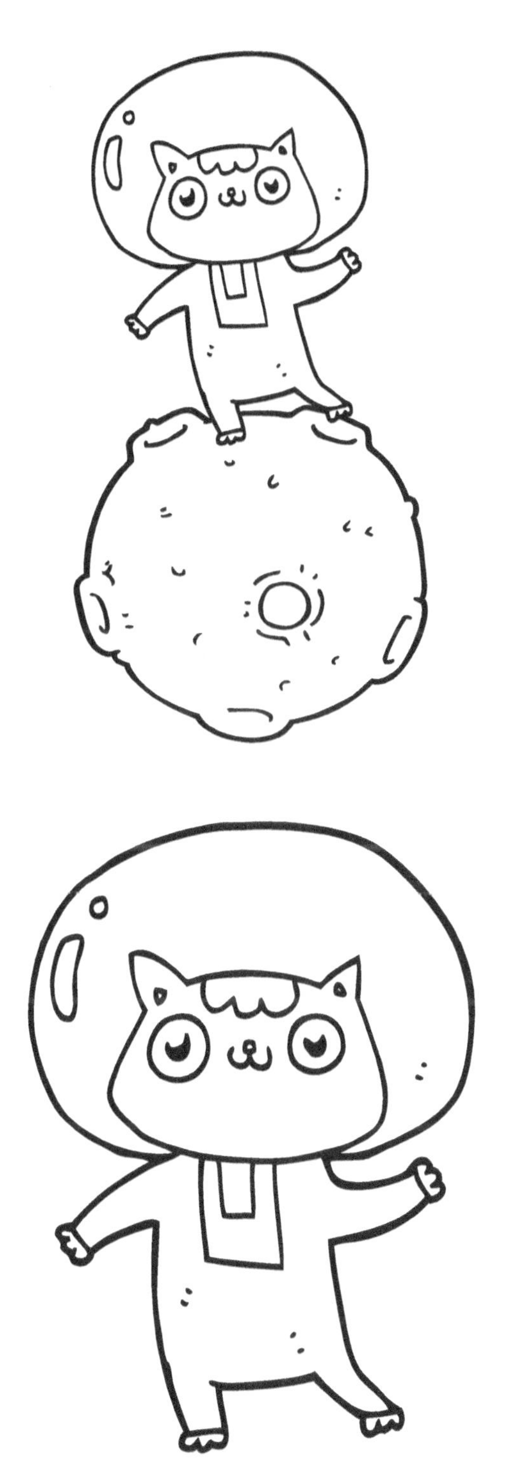

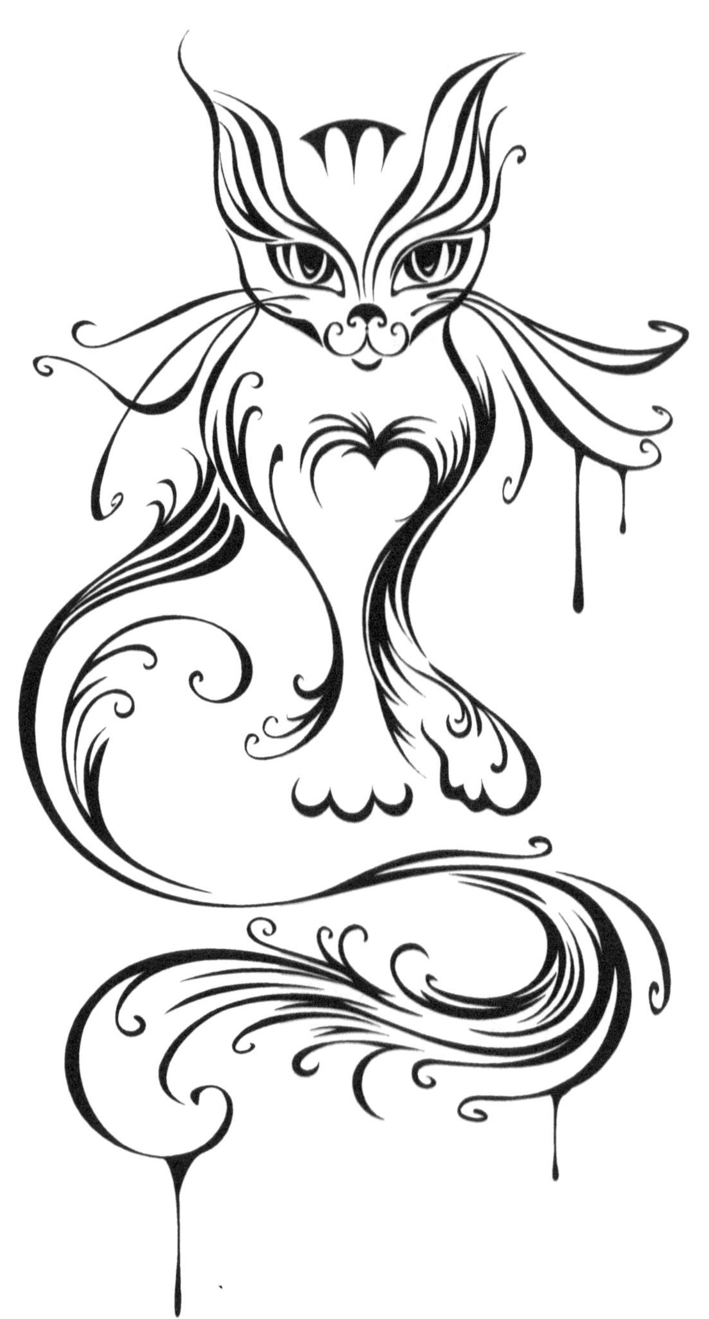

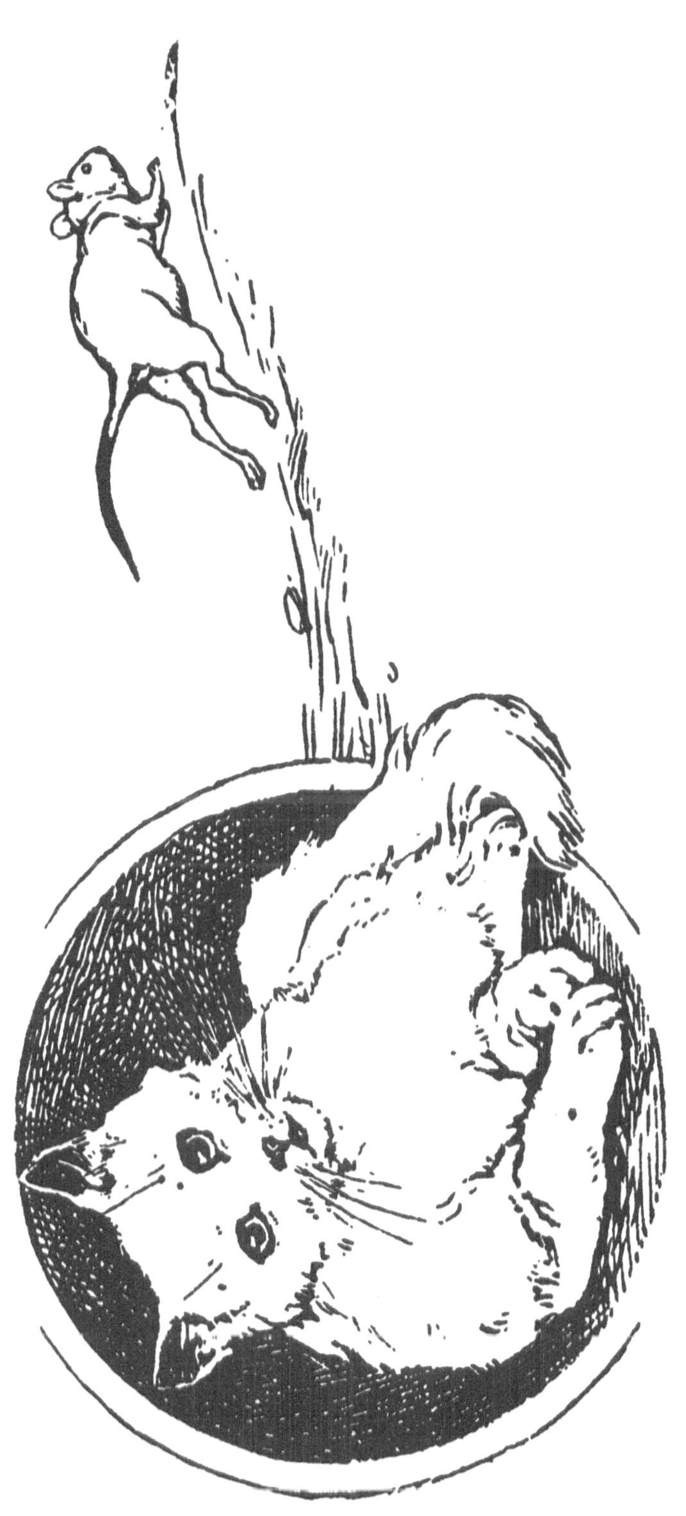

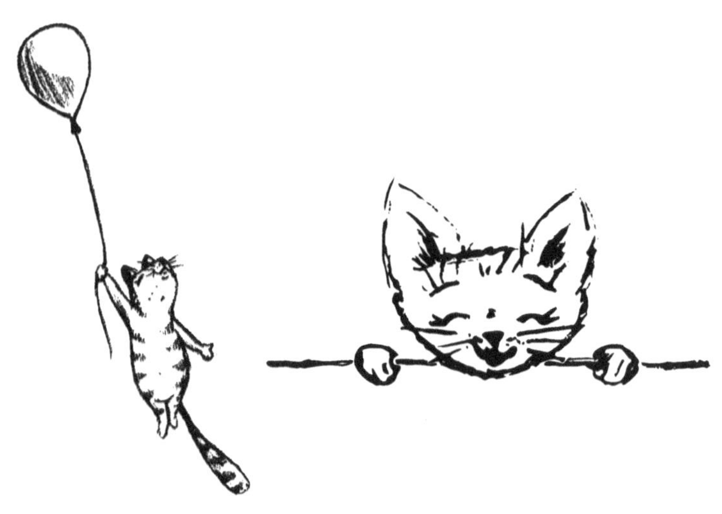

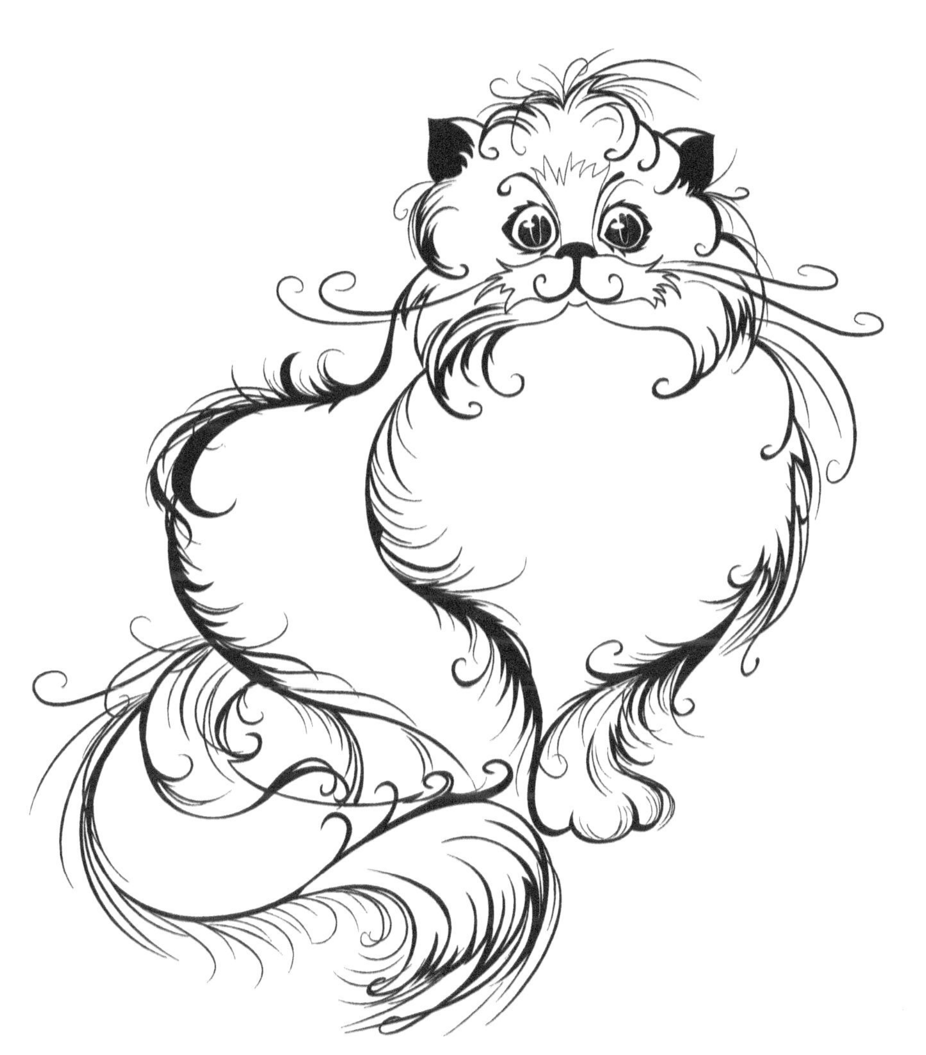

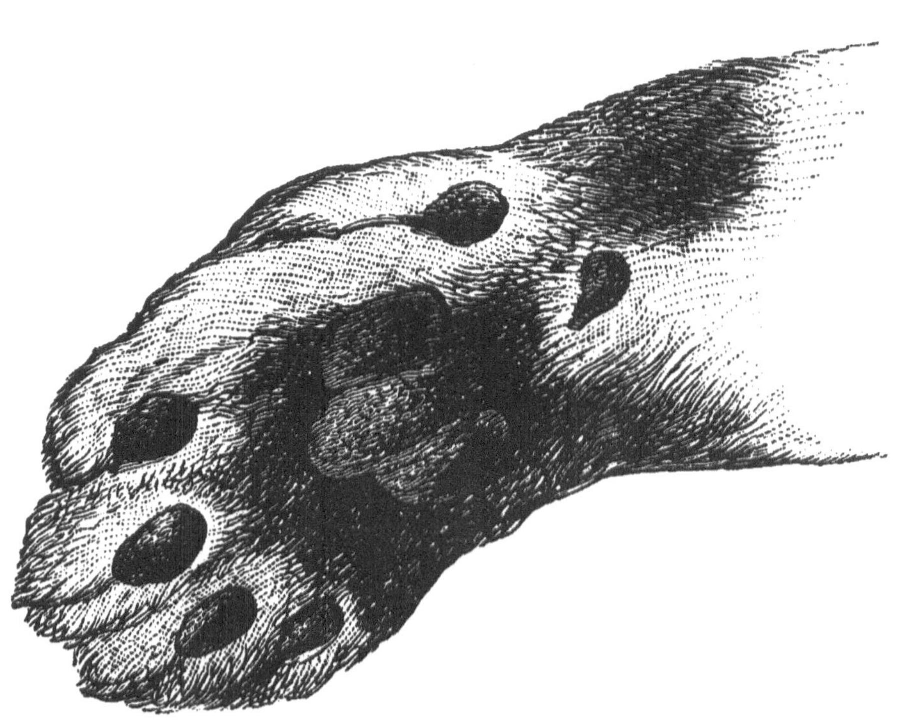

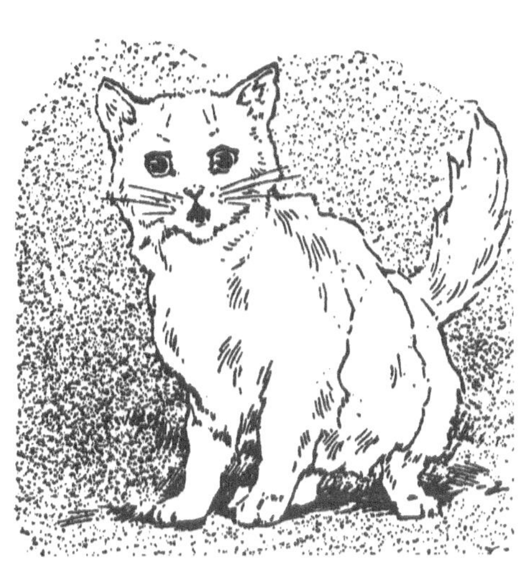

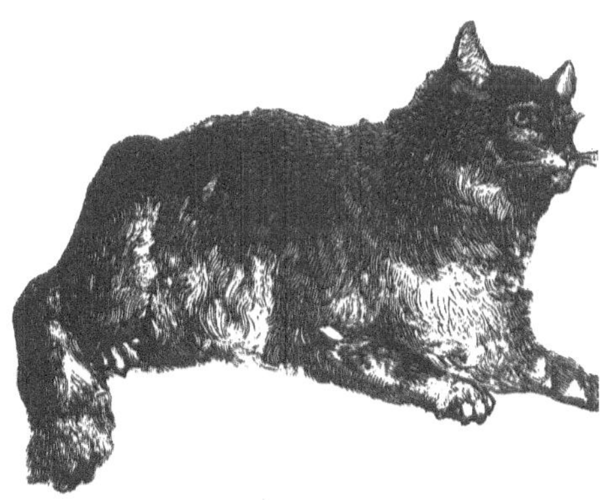

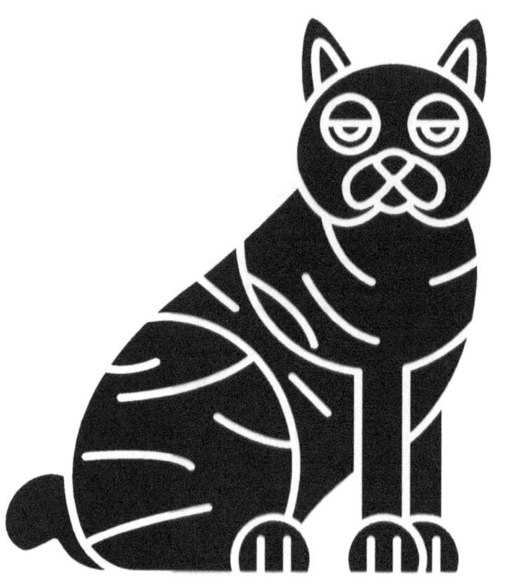
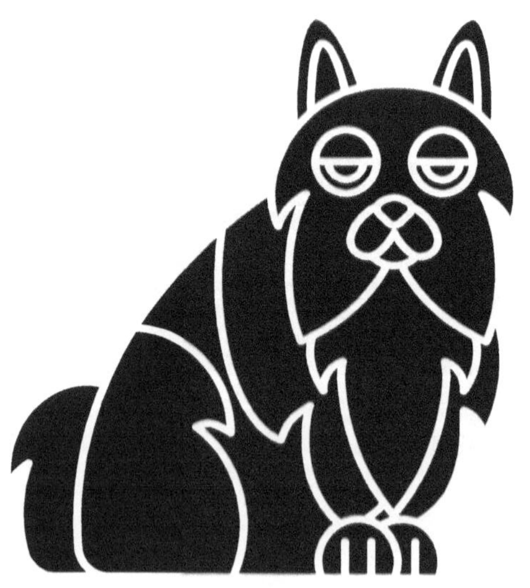

www.ingramcontent.com/pod-product-compliance
Lightning Source LLC
Chambersburg PA
CBHW031318130726
47988CB00007B/2885